河南省"十四五"普通高等教育规划教材
高等学校交通运输与工程类专业教材建设委员会规划教材

Road Intersection Design
道路交叉设计

郑元勋　主　编

张　鹏　刘　衡　杨绍林　郭　攀　杨　允　副主编

蔡迎春　主　审

人民交通出版社

北京

内 容 提 要

道路交叉设计是一门专业性较强的课程,主要内容涉及平面交叉、立体交叉、道路与铁路交叉及附属设施设计等部分。本教材共分为八章,内容包括引言、道路平面交叉及其交通特性、平面交叉的交通管制、平面交叉的规划设计、平面环形交叉口设计、平面交叉口的竖向设计、道路立体交叉设计[道路立体交叉的构成及基本形式、立体交叉规划、选型及设计要素、相交道路(主道)设计、立交匝道设计、立交通行能力及服务水平分析、立体交叉设计方法、步骤及设计示例等]、道路与铁路交叉、附属设施设计等。针对不同内容特点,本教材紧贴最新规范与先进设计理念进行讲解,工程案例详实,图文并茂,通俗易懂。

本书可以作为道路桥梁与渡河工程、交通工程、土木工程(道桥方向)等专业的本科教学教材,也可以作为相关专业研究生参考教材及相关工程专业人员参考资料。

图书在版编目(CIP)数据

道路交叉设计 / 郑元勋主编. — 北京:人民交通出版社股份有限公司,2025.3
ISBN 978-7-114-16668-6

Ⅰ.①道… Ⅱ.①郑… Ⅲ.①公路交叉—设计—高等学校—教材 Ⅳ.①U412.35

中国版本图书馆 CIP 数据核字(2020)第 176779 号

河南省"十四五"普通高等教育规划教材
高等学校交通运输与工程类专业教材建设委员会规划教材
Daolu Jiaocha Sheji

书　　名:	道路交叉设计
著 作 者:	郑元勋
策划编辑:	李　瑞
责任编辑:	李　敏
责任校对:	龙　雪　武　琳
责任印制:	张　凯
出版发行:	人民交通出版社
地　　址:	(100011)北京市朝阳区安定门外外馆斜街 3 号
网　　址:	http://www.ccpcl.com.cn
销售电话:	(010)85285911
总 经 销:	人民交通出版社发行部
经　　销:	各地新华书店
印　　刷:	北京建宏印刷有限公司
开　　本:	787×1092　1/16
印　　张:	11.5
字　　数:	295 千
版　　次:	2025 年 3 月　第 1 版
印　　次:	2025 年 3 月　第 1 次印刷
书　　号:	ISBN 978-7-114-16668-6
定　　价:	48.00 元

(有印刷、装订质量问题的图书,由本社负责调换)

前言

随着经济的快速发展,我国交通基础设施发展迅猛。至 2014 年我国高速公路通车里程居世界第一。伴随着交通基础设施的飞速发展,我国机动车保有量也日新月异,加上非机动车的干扰,交叉口作为道路交通枢纽,逐渐成为诸多城市道路拥堵的节点与关键所在,因此,如何对道路交叉口进行科学合理设计显得尤为关键。

道路交叉设计课程主要内容涉及平面交叉与立体交叉两大部分,是道路桥梁与渡河工程、交通工程、土木工程等专业学生必须掌握的一门专业基础课程。随着道路交叉口设计规范和设计理念的不断更新,加上道路交叉设计具有较强的实践性,亟待一本针对性强、紧贴最新规范与设计理念、工程案例详实、图文并茂、通俗易懂的教材,以提高该课程的授课效果、提高学生的动手能力,加深其对相关规范及设计理念的理解与把握。鉴于此,教学团队基于多年授课经验及素材的积累,紧贴最新规范,同时结合学科发展前沿、专业发展趋势、学生就业方向编写了本《道路交叉设计》教材。本教材编写具有以下特点:①紧贴最新设计规范与理念。教材相关知识点全部基于最新规范进行编写,并引入前沿设计理念与方法。②理论联系实际,提高学生动手能力。通过丰富详实的工程设计案例及大量图片,结合课后具有针对性的习题,加深学生对知识点的理解,能将所学知识灵活地应用于实际交叉设计,提高学生的动手能力。③教学科研相得益彰。融入教材编写团队近期在道路交叉设计方面的科研成果,基于教学内容引入道路交叉设计领域科研方向切入点,启发学生创新思维,培养学生科研素养(该部分可以作为选修内容)。④条理清晰,重点突出。道路交叉设计涉及知识点繁多,如何理顺各知识点之间的衔接问题事关授课效果。本教材以实际道路交叉设计时间轴为主线安排各知识点衔接,有利于学生对知识点的学习、理解及掌握;同时,考虑授课学时有限,本教材编写严格做到重点突出,以道路交叉设计核心知识点为轴线进行详细解析,合并前后章节重复知识点,将已经在道路勘测设计、路基路面、桥梁工程等专业课出现过的知识点一笔带过,避免一些知识点在不同专业课程里交叉出现。

另外,本书部分内容形成于编写团队成员在美国访学期间,编写时参考了国外的相关设计方法与理念,还将教材主要标题进行了中英双语对照表述,为后期将教材改编为双语教材做了铺垫。

本书的编写得到了郑州大学教材建设基金、郑州大学2024年教育教学改革研究与实践项目"智慧交通专业培养体系创新及实践基地智能升级"(项目编号:2024ZZUJGXM198)、河南省第二批普通高等教育"十四五"规划教材拟立项建设教材、"道路桥梁与渡河工程专业"优秀基层教学组织建设,以及河南省普通高等学校专业综合改革试点项目等资金支持,在编写及英文校核方面得到了美国阿克伦大学潘尔年教授的大力支持,在设计方案及图例提供方面得到了河南省中工设计研究院集团股份有限公司(原河南省交通规划勘察设计院有限责任公司)的鼎力支持,这里深表感谢。

本书第一~三章由郑元勋编写,第四章、第五章由张鹏、刘衡编写,第六章由杨允编写,第七章由郭攀编写,第八章由杨绍林编写。全书由郑元勋统稿,蔡迎春主审。

本书经多方努力编写成册,但受时间、条件及能力限制,不足之处在所难免,敬请读者及有关专家指正,以便我们对本教材进行完善与提高。

郑元勋
2025年1月

目录

引言 ·· 1

第一章 道路平面交叉及其交通特性 ··· 3
 第一节 平面交叉设计的重要性 ··· 3
 第二节 平面交叉的构成与分类 ··· 4
 第三节 交叉口的交通特性分析 ··· 7
 课后习题 ·· 10

第二章 平面交叉的交通管制 ··· 11
 第一节 平面交叉常用的交通管制方法 ··· 12
 第二节 渠化交通 ·· 14
 第三节 交通信号控制 ··· 20
 第四节 VISSIM 使用简介 ·· 34
 课后习题 ·· 41

第三章 平面交叉的规划设计 ·· 42
 第一节 平面交叉规划及设计程序 ·· 42
 第二节 平面交叉设计要素及原则 ·· 49
 第三节 交叉口设计阶段及其他设计问题 ·· 66
 课后习题 ·· 70

第四章 平面环形交叉口设计 ·· 71
 第一节 环形交叉口的构成及交通特点 ··· 71
 第二节 中心岛设计 ·· 73
 第三节 其他设计 ·· 76
 第四节 环形交叉口的通行能力 ··· 77
 第五节 微型环形交叉口 ··· 79
 课后习题 ·· 81

第五章 平面交叉口的竖向设计 ·· 82
第一节 交叉口竖向设计的目的、原则及基本形式 ······················ 82
第二节 交叉口竖向设计的方法 ·· 85
第三节 工程数量计算 ··· 91
课后习题 ··· 94

第六章 道路立体交叉设计 ·· 95
第一节 概述 ·· 95
第二节 立体交叉规划、选型与设计要素 ································· 101
第三节 相交道路（主道）设计 ·· 116
第四节 立交匝道设计 ·· 122
第五节 立交通行能力及服务水平分析 ··································· 131
第六节 立体交叉设计方法、步骤及设计示例 ························· 137
课后习题 ··· 158

第七章 道路与铁路交叉 ·· 159
第一节 道路与铁路平面交叉 ·· 159
第二节 道路与铁路立体交叉 ·· 162
课后习题 ··· 167

第八章 附属设施设计 ·· 168
第一节 交通安全设施设计 ·· 168
第二节 交叉口范围内的排水设计 ·· 169
第三节 交叉口照明设施设计 ·· 170
第四节 收费站及广场设计 ·· 173
课后习题 ··· 177

参考文献 ·· 178

引言/Introduction

一、道路交叉设计的重要性及迫切性/The Importance & Urgency of Road Intersection Design

本节主要基于相关新闻资料,展示道路交叉口安全事故发生率、目前市政道路交叉口拥堵现状等,引出道路交叉口设计的重要性,激发同学们的学习热情与兴趣。同时,通过观看视频资料让学生认识到道路交叉口设计的重要性、迫切性,激发其强烈的求知欲及责任心。视频观看后通过展开自由讨论让同学们抒发自己对道路交叉设计重要性的认识,进而提高同学们的学习热情及目的性。

二、课程特点及结构布局/Features & Structural of This Course

"道路交叉设计"课程涉及道路交叉的规划、设计及运用等方面的理论和方法,既有交叉规划的一般内容,也有交叉口处道路的几何构造问题,还包括与道路构造有密切关系的交通管制方法。在道路网中,交叉口是网的节点,是交通问题集中地。交叉口具有好的道路和交通条件,才能使其具有最大的通行能力和最好的安全性;也只有这样,才能使路网发挥最高的效率。为此,本课程从交通工程学的观点出发,以综合治理交通问题为目的,将道路工程的交叉规划、设计及管理融为一体,使之成为以道路交叉为主体的课程体系,它既有工程学性质,也有管理方法问题。

本课程将立体交叉作为一种独立的道路交叉形式论述，同时也作为平面交叉交通处理的一种工程手段，从而使其与平面交叉形式有机地联系起来。

另外，道路交叉不像道路区间那样可视为一条线，它是与相交道路联系的一个面，根据相交道路交通与构筑的要求，在交叉处需要相互协调配合构筑而成。因此，其竖向设计不同于道路区间。本课程也将平面交叉的竖向设计作为单独问题列出。

本课程还对道路与铁路的交叉作了简单介绍。

第一章
道路平面交叉及其交通特性/
Road Intersection & Its Traffic Characteristics

第一节 平面交叉设计的重要性/
The Importance of Flat Crossing Design

在路网中,道路纵横交织,形成大量交叉。当道路在同一高度相交并有一共同构筑面时称为平面交叉,又称平面交叉口。交叉口的存在,提高了道路的交通灵活性和可达性,从而增加了路网的活力,完善了其交通功能。由于平面交叉口是相交道路的车辆汇集和转向的所在地,极容易产生交通混乱和事故,故对其的规划、设计和交通组织管理等,都应给予足够的重视。

道路交叉是路网中的节点,在处理上可以是平面交叉,也可以是立体交叉。不管何种交叉,在构筑和交通处理上都有它不同于道路路段的问题和特点。而且平面交叉在规划、设计和交通处理上,有其特殊重要性。

一、平面交叉是路网中交通问题最突出的部位

相交道路的车辆,在平面交叉口处要汇集和转向通过,因而产生了交通间的纵横干扰,影响通过能力。在同样车道数的情况下,平面交叉口的通行能力总是小于路段的通行能力,这就导致在相交道路路段的交通量还不十分大的时候,交叉口处已接近或达到饱和,从而使平面交叉处交通拥挤。再加上过街行人的穿插交会,更易使平面交叉口处事故多发,成为交通安全的敏感地段。根据统计资料,交通事故的半数发生在道路平面交叉及其周围,而在城市中这一比例可高达60%以上;半数以上的行车时间延误也是因平面交叉的存在而引起的。由此可见,对平面交叉的合理规划、设计和交通管理是非常重要的。

二、不可能用立体交叉代替路网中所有平面交叉

将平面交叉全部改成立体交叉,虽然可以解决因平面交叉而产生的交通问题,但实际上是不可能实施的。

首先,立体交叉工程浩大,修建工期长、费用高,占地面积大。因此,如能通过对平面交叉的改建而达到改善交通的目的,就不宜修建立体交叉。

其次,由于相交道路的性质、占地、工程投资等的限制,还不可能全部修筑完全互通式立体交叉,有时还要建造部分互通式立体交叉,如菱形、部分苜蓿叶式等。此类立体交叉仍保留了部分平面交叉,使平面交叉的问题依然存在,而且不处理好此类平面交叉问题,立体交叉也不能很好地发挥作用。因此,在修建立体交叉时,仍存在平面交叉口的设计问题。

再者,在城市内修建立体交叉,还会带来分割城区、影响街区日照条件、干扰电波、妨碍视线、破坏景观,给行人带来不便等新问题。在这种情况下,平面交叉往往也不会被立交全部代替。

三、平面交叉设计有较立体交叉更复杂的内容

平面交叉口设计立足于改善平面交叉的道路条件和交通管制条件,以达到解决和处理交通问题的目的。

设计平面交叉口时,首先应找出产生交通问题的根本原因,再对应这些问题,进行妥善的规划、设计,并采取合理地交通控制措施。由于平面交叉的交通处理方法易于改变,因此,对交通的处理,可采用逐步适应的方法。当一种措施不再有效时,应根据具体交通情况,采用新的有效对策及相应的交叉改造措施。这就使得平面交叉的改建设计,成为长期的反复的设计过程。

第二节 平面交叉的构成与分类/
The Composition & Classification of Flat Crossing

一、平面交叉及其构成/Flat Crossing & Its Composition

平面交叉从路网看仅为相交道路的一个节点,但就其构造和交通功能看,是实实在在的一个空间范围(图1-1)。

所谓交叉,一般指图1-1中相交道路缘石线延长后所包括的范围,即图1-1中 ABCD 部分。当无路缘石时为车行道边侧延长后所包括的范围。而从交通工程角度分析,交叉范围应是图1-1中全部斜线阴影部分。但在交通设计中发现,紧接交叉口的道路段,即交叉入口和出口处一段道路,对交叉的通行能力具有特殊的影响和作用。因此,在交叉设计和作交通处理时,也应将这一部分作为交叉范围考虑。所以,一个完整的平面交叉应由交叉口及其所连接的部分道路组成。

平面交叉的基本组成如下:

(1)交叉口。相交道路的共同部分,即图1-1中斜线阴影部分。

(2)交叉连接段。与交叉口紧连的出入口道路。

(3)附加车道。为提高交叉口通行能力,并改善其使用功能,在交叉口连接部另外设置的供转弯车辆行驶的车道。

(4)交通岛、导流路。在交叉口范围内设置的交通岛与导流路(图1-2)。

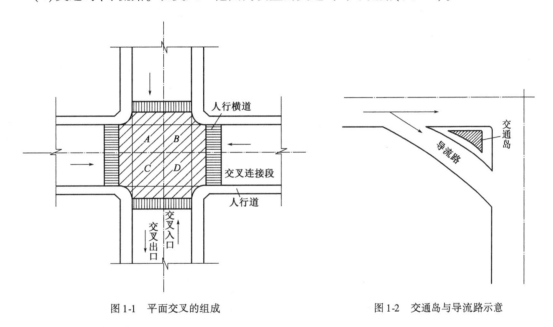

图1-1 平面交叉的组成   图1-2 交通岛与导流路示意

二、平面交叉分类/Classification of Flat Crossing

平面交叉根据相交道路的条件和交通管制方式的不同,有多种形式,其分类如下:

(一)按相交道路的条数分类

按相交道路的条数不同,平面交叉分为三岔道路、四岔道路和五岔道路。

(1)三岔道路。从交叉口向外分成三条道路,多为一条道路终止后,连接另一条贯通道路[图1-3a)],或三条道路汇集于一点[图1-3b)]形成。

(2)四岔道路。从交叉口向外分成四条道路,多为两条道路交叉通过而形成[图1-3c)~f)]。

(3)五岔道路。从交叉口向外分成五条道路[图1-3g)]。

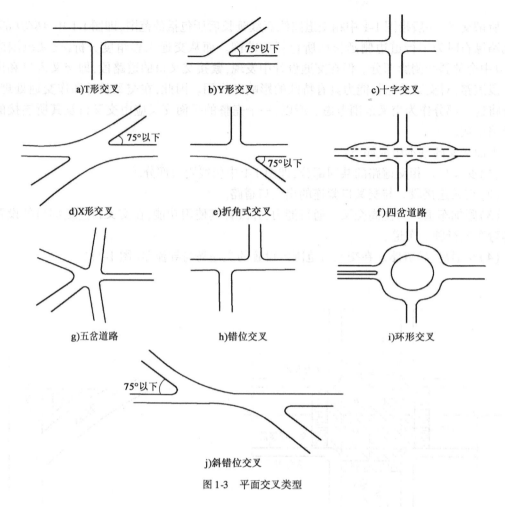

图 1-3 平面交叉类型

(二) 按交叉形式分类

按相交道路的条数不同,平面交叉分为 T 形交叉、Y 形交叉、十字交叉等类型。

(1) T 形交叉 [图 1-3a]。相交道路交角为 90°或在 90°±15°范围内的三岔道路。

(2) Y 形交叉 [图 1-3b]。相交道路交角小于 75°或大于 105°的三岔道路。

(3) 十字交叉 [图 1-3c]。相交道路交角 90°或在 90°±15°范围内的四岔道路。

(4) X 形交叉 [图 1-3d]。相交道路交角小于 75°或大于 105°的四岔道路。

(5) 错位交叉 [图 1-3h]。从相反方向终止于一条贯通道路而形成两个距离很近的 T 形交叉所组成的交叉。

(6) 折角式交叉 [图 1-3e]。十字交叉中有一交角小于 75°。

(7) 环形交叉 [图 1-3i]。在交叉口中央设置较大的圆形或其他形状中心岛,绕岛车辆一律按逆时针方向行驶的交叉形式。

(8) 斜交错位交叉 [图 1-3j]。由两个 Y 形交叉组成的错位交叉。

(三) 按渠化交通的程度分类

按渠化交通的不同程度分类,平面交叉分为简单交叉、拓宽路口式交叉、渠化交叉和环形交叉。

(1)简单交叉[图1-4a)]。由道路相交而直接形成,只在交叉角处将道路边缘做成圆弧形。
应用条件:交通量小的一般交叉口。
(2)拓宽路口式交叉[图1-4b)]。将交叉口连接部的道路拓宽而成的交叉形式。
应用条件:交通量大,尤其是左右转交通量都较大。

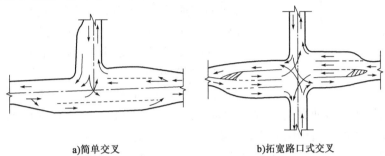

a)简单交叉　　　　　　b)拓宽路口式交叉
图1-4　交叉口拓宽设计

(3)渠化交叉。在交叉口处,通过交通岛、交通标志和地面标线,控制和疏导交通而形成的交叉形式。

应用条件:直行及左右转交通量大或斜交、畸形交叉口。

(4)环形交叉。

应用条件:多路相交且交通量不太大。

(四)按交通控制方式分类

按交通控制方式不同分类,平面交叉分为无信号控制交叉和有信号控制交叉。

(1)无信号控制交叉。此种交叉处应指定优先道路,而在非优先道路的交叉入口处设置"让"或"停"的交通标志,使非优先道路的车辆在进入交叉前要缓行或停候,判断主线车流间隔允许通过时方可进入交叉。当两条相交道路等级接近时,也可在各个路口均设"让"或"停"的交通标志,以提醒驾驶员要注意相互谦让安全通过。

(2)有信号控制交叉。在交叉处设置交通信号指挥车辆通过。

第三节　交叉口的交通特性分析/
Analysis of Intersection's Traffic Characteristics

交叉口处由于有转弯及穿插交通的存在,产生了诸多交通问题。要处理好这些交通问题,需从了解平面交叉的交通特点及交通干扰原因着手。

一、交通流线及平面交叉口处的交通特性/Traffic Flow & Traffic Characteristics at Plane Intersections

为分析交叉口的交通状况,可将交叉口处每一个可能的车流用一条表示行进方向的带有箭头的线代替,这样一条线即称交通流线。因此,若进入无交通控制的十字交叉的道路仅为一条车道,即进入交叉前仅有一条交通流线,到达交叉后,即分为直行、右转和左转三条交通流线(图1-5)。

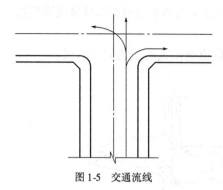

图1-5 交通流线

经过简化,即可通过交通流线的相互关系,分析交叉口处的交通特性,从而掌握交通干扰的原因。交通流线进入交叉口时,由于车辆行驶方向不同要产生分流,而车辆在分流时,驾驶员往往先要减速,以便观察行进方向的交通情况,并判断分流的可能性,这样就影响了车辆进入交叉的通畅性,从而干扰交通。分流方向越多,干扰就越严重。交通流线从出口道路引出时要产生合流,此时车辆也要减速缓行,这也会对交通产生干扰。另外,来自不同方向的直行、左转交通流线在交叉口内还会交叉,从而形成许多冲突点;车辆通过冲突点时,有相互挤、碰、冲撞的可能性,此类冲突点越多,对交通安全及道路通行能力的影响就越大。从产生冲突点的交通状态分析可知,冲突点对交通的干扰和发生交通事故的可能性都比分流点和合流点来得大。由此可知,在交叉口内产生交通干扰,是由于出现了交通流线间的分流点、合流点和冲突点三类交通特征点。这些交通特征点在未设交通信号管制的平面交叉口处产生的情况如图1-6所示。

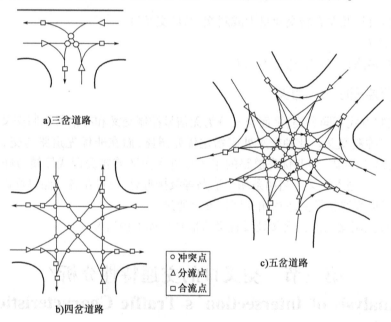

图1-6 平面交叉处的交通特征点

有交通管制和无交通管制的交通特征点数量见表1-1,有交通管制时,交通特征点会相应减少。

平面交叉的交通特征点数量   表1-1

交通特征点类型	无交通管制			有交通管制		
	相交道路条数			相交道路条数		
	3条	4条	5条	3条	4条	5条
分流点	3	8	15	2或1	4	4
合流点	3	8	15	2或1	4	4
冲突点	3	16	50	1或0	2	4
总数	9	32	80	5或2	10	14

从表1-1中所示数量可以看出,各种交通特征点有如下规律:

$$分流点数量 = 合流点数量 = n(n-2) \tag{1-1}$$

$$冲突点数量 = \frac{n^2(n-1)(n-2)}{6} \tag{1-2}$$

式中:n——交叉口的道路条数。

由以上分析可得如下结论:

(1)交叉口中产生交通干扰,是由于不同行驶方向的车辆交通流线所产生的分流点、合流点和冲突点的存在,其中对交通干扰最严重的是冲突点。

(2)交叉口的交通特征点的数量,随着相交道路数量的增加而急剧增加,其中冲突点增加的速度最快。

(3)产生冲突点的主要原因是左转车流。如果在十字交叉中没有左转车流,则冲突点可由16个减至4个[图1-6b)]。

二、交叉口交通处理的基本方法/Basic Methods of Traffic Handling at Intersections

在处理交叉口交通时,无论采用改善道路设施还是增设交通设施的措施,其主要目的应是努力减少或消灭各类交通特征点,尤其应注意对冲突点的处理。

消灭或减少交叉口车流冲突点的方法有3种。

(1)实行交通管制。设置交通信号或由交通警察指挥交通,使进入交叉口的车流在时空上分离,减少同一时间段内的交通流线数量,从而消除或减少交通特征点。图1-7标示出了在十字交叉口实行交通信号控制后的交通流线情况,此时冲突点可由16个减至2个,分、合流点也分别从8个减至4个。如果禁止车辆左转,则可以完全消除冲突点。

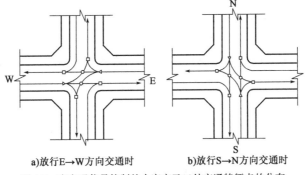

a)放行E→W方向交通时　　b)放行S→N方向交通时

图1-7　有交通信号控制的十字交叉口处交通特征点的分布

(2)交通流在平面上分离。通常采用的具体措施如下:

①组织渠化交通。在交叉口范围内合理布设交通岛、交通标志、地面标线或增设车道,以疏导车流按一定方向或路径行驶,从而消除或减少冲突点和分、合流点。

这种方法是通过在平面空间上控制车辆行驶路径以达到疏导交通的目的。环形交叉即为一例(图1-8),它通过布置中心岛使进入交叉口的车辆一律绕岛逆时针环行,从而消灭冲突点。

②在交叉口设置专用车道。

(3)修筑立体交叉。将相交道路通过建造立体结构物设施,把不同行驶方向的车流分别布置在不同空间高度上,使其互不干扰。这一方法必须通过工程手段来实现。立体交叉不仅消灭或减少了交通特征点,而且也消除了平面交叉本身。

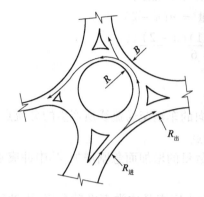

图 1-8 环形交叉的交通组织

因此,立体交叉既可认为以作为不同于平面交叉的另一种道路交叉形式,同时也可以作为平面交叉交通处理的一种工程方法,而且是平面交叉交通处理的最彻底的一种方法。

课后习题/After-school Exercises

1. 根据个人经历或者对本课程的了解简述你对道路交叉设计的理解。
2. 简述平面交叉在路网通行能力中的重要性(与立体交叉对比,其主要特点以及较立体交叉的优点)。
3. 平面交叉的基本组成有哪些?各部分的主要功能是什么?
4. 平面交叉的主要分类有哪些?
5. 简述在平面交叉口产生交通干扰的原因。
6. 图 1-9 所示为美国某城市六路相交路口,采用信号灯控制,导致等待时间过长。请根据交通标志图绘制该平面交叉平面图,并对该路口进行改造设计。

a)六路相交实景图　　　　b)六路相交示意图

图 1-9 六路相交路口

第二章
平面交叉的交通管制/
Traffic Control of Flat Crossing

　　平面交叉的交通安全和畅通,既取决于平面交叉的几何构造,又受交叉口处交通管制手段的影响,而且在一定条件下,平面交叉的规划与设计,总是在某种交通管制方法的条件下进行。在大多数情况下,某种交通管制手段是否实用,也要考虑平面交叉的几何条件。

　　例如,当使用交通信号控制时,如在交叉口信号显示中设置左转专用显示,就必须在这一方向的入口道路上,设左转专用车道。又例如,在单向具有双车道的交叉口处,或相交道路的设计速度均达 60km/h 或以上时,在交叉入口处使用"停""让"车标志进行交通管制是十分危险的。另外,相邻交叉口的间距、交叉口相交道路的交叉角度、交叉口路口的道路条数等,也都与组织单向交通、禁行等交通管制方法的实施有直接关系。由此可见,平面交叉口的规划设计与交通管制两者之间是互相制约,互相依存,且又互相补充的。因此,谈及平面交叉设计,就必须了解平面交叉的交通管制方法的使用效果及其对交叉口道路构造的要求。

第一节 平面交叉常用的交通管制方法/
The Common Methods of Traffic Control for Plane Crossing

一、交通管制的目的/The Purpose of Traffic Control

对交通,尤其是平面交叉处的交通进行管理与控制,是为了最大限度地发挥现有道路设施的交通功能。通过对平面交叉口的交通管理与控制,可达到以下目的:

(1)缓解交通拥挤的程度,使车辆通过交叉口时平顺畅通,从而提高其服务水平;

(2)减少和消除发生交通事故的危险;

(3)在现代交通中,交通管制还有防止噪声和减少废气排放等的目的。

上述目的,光靠交通管制手段有时是很难达到的,还需配合道路构造条件的改善、道路交通规划的实施、新交通系统的开发与利用等。在城市范围内,还需要同城市交通与道路的总体规划一并实施。

二、常用的交通管制方法/Commonly Used Methods of Traffic Control

平面交叉的交通管制是通过强制性指令和疏导的方法,使交通秩序井然,从而提高通行能力及车辆通过的安全性。在公路设计中,交叉口的间距一般很大,且无行人等干扰,交叉口条件一般较好,通行能力也没问题,故只需在交通较繁忙的交叉处设置"停""让"标志进行交通管制即可。近郊公路及城市道路,由于其交叉密度大,交通干扰严重,必须选择适当的交通管制手段,如交通信号管制,以提高交叉口的通行能力及通行安全。

(一)常用的管制方法

(1)限制车辆行驶方向

交通控制中限制车辆行驶方向的方法,是在交叉口处通过对某些行车方向的限制以简化交通流,从而减少车流干扰,以达到改善交通条件的效果。限制交通方向的方法一般有:

①将交叉处的连接道路改为单向行驶道路;

②在交叉口内禁止车辆左转;

③当交叉口附近有一些车辆进出时禁止左转。

(2)设置"停""让"标志

在交叉口入口处设置"停""让"标志对交通进行控制的方法,只是指令驾驶员在进入交叉口前,必须在此标志前减速缓行或停候,以确认通过条件,当条件允许时方可通过交叉口,否则需要让另一方向的车辆优先通过。

限制交通方向及设置"停""让"标志的方法均为通过交通指令,即规定,进行交通管制,无须大量的工程及交通设施,常作为其他方式的配合手段,或交通量小时使用。当采用上述方法不能奏效时,要采用交通渠化或信号控制方法。

(3)渠化交通

平面交叉的渠化交通,是指在交叉范围内,通过布置交通岛、交通标志和在路面上画标线等方法,引导或强制不同流向的车辆和行人各行其道,从而将错综复杂的交通流引入指定的交通路径所进行的分离交通措施。

(4)设置信号控制灯

交通信号控制是指通过交通信号机不同颜色灯光的周期显示,对交叉口处各方向的交通流分配通行权,使其有秩序地通过交叉口,从而减少干扰以提高交叉口的通行能力和车辆通过时的安全条件。

(二)交通管制方法选择

究竟选用何种交通管制方法,要根据交叉口的具体情况而定。选择时应考虑以下要求:

(1)通行能力

对于平面交叉口来说,相比其他管制形式,信号控制方式能有效提高平面交叉口的通行能力,因此,当交通量较大时,一般应选用信号控制方法。

如在设置"停"的标志管制交通的交叉口处、次要道路车辆的通行方式,是利用主要道路交通流中产生可供车辆穿行的车头间隔,它能通过的最大交通量即为通行能力(参见表3-2)。根据实践经验,当相交道路交通量之和达1000辆/h以上时,即应考虑将"停"的标志管制改为交通信号管制。

(2)安全性

从现有交通状况出发,选择安全性最好的方式。信号控制虽可减少交叉口内碰撞事故,但往往会增加交叉口入口处的追尾事故。因此,当交通量大时,无疑应选信号控制方法;但当交通量小时,由于选用信号控制方法会带来更多追尾可能,因而是不合适的。

如当设计速度为80km/h的道路与设计速度为60km/h的道路相交时,其交叉处不可使用"停"车标志管制交通。如采用此种管制方式,会导致交通混乱,增加追尾事故。

(3)方便性

为了保证平面交叉口的通行能力,有时会采用禁止左转或单行道的管制方式限制车辆行驶方向,该措施一定程度上能改善交叉口交通秩序,但会造成行人行车不便,甚至影响到沿路土地的开发使用,因此也应慎用。

(4)交通法规

交通管制还需配合一定的交通法规,这样才能确保管制效果。

(三)交叉口道路构造条件

交叉口的道路构造条件与交通管制有密切关系,因此,为有效改善交叉口车辆的通过条件,应将二者一并考虑。如使用"停"车标志的交叉口,入口道路应在构造条件上促使或有利于车辆减速缓行和停候。使用交通信号控制时交叉口车道的数量,应根据交通量的大小和拟定的交通信号显示方案来决定。

(1)地区特性

即使设计交通量相等,在城市道路和公路上也可能使用不同的交通管制方式;相同的交通管制手段,在城市道路和公路上的控制效果也不相同。这是因为地区不同,交通干扰因素不同,且人们遵守和执行交通法规的情况也不相同。

(2)道路性质及标准

有些道路由于其性质和标准决定不能选用某些管制方式。如高速道路不允许设信号进行管制,也不能选用"停""让"标志的控制方法。因为控制出入的道路为汽车专用道路,在构造条件上已排除了纵横交通干扰,更不可能有行人和非机动车出现。当驾驶员均以较高车速驾车行驶时,若有指令停车的红色信号出现会导致行车事故,因此不可使用。

第二节 渠化交通/Canalized Traffic

一、渠化的目的及渠化时应考虑的因素/The Purpose of Canalization & Factors to Consider When Canalizing

(一)渠化交通的目的

在交叉口处渠化交通是为了达到以下目的:
(1)分离冲突点;
(2)控制冲突时的交通流线角度;
(3)压缩交叉口内不必要的路面铺装;
(4)控制交通路径,指示交叉地点;
(5)为主要交通流向提供优先通行条件;
(6)保证过街行人安全;
(7)保护转弯车辆;
(8)提供设置交通标志的场所;
(9)阻止车辆驶入禁行方向;
(10)控制车速等。

(二)渠化交通设计应考虑的因素

为达到上述目的,渠化交通设计时应考虑以下各种因素:

1. 人的特性
(1)人的行动有习惯性;
(2)希望行驶短捷路径方向;
(3)人的反应及采取措施需有足够的时间;
(4)有选择正确行动的能力。

2. 交通特性
(1)渠化的交通能力及交通量;
(2)转弯交通情况;
(3)行车速度;
(4)车辆的几何尺寸及行驶特征;
(5)公交车辆的运行情况;
(6)行人及非机动车的数量及行驶状态;

(7)以往交通事故发生情况。

3. 交叉处的几何及物理条件

(1)交叉口的总面积;
(2)可能冲突的区域;
(3)交叉处相交道路的交叉角度;
(4)交叉口各向交通的行车视距条件;
(5)变速区段的长度;
(6)道路纵坡、横断面形式及路面类型;
(7)沿路的交通设施及利用情况;
(8)交通岛的数量、大小及形状;
(9)交叉处的照明条件。

4. 经济分析

(1)实行渠化所需费用及其收益;
(2)实行渠化以后,对沿路的各种设施、用地条件可能发生的影响。

二、渠化交通设计的基本原则及注意事项/The Basic Principles of Canalized Traffic Design & Precautions

(一)渠化交通设计的原则

进行交叉口渠化交通设计时,要充分考虑不同交叉口的不同交通、几何及物理等条件,并遵守以下原则。

(1)应尽量减少交叉口车辆可能冲突的路面面积(图2-1)。交叉口内路面铺装面积过大时,车辆及行人通过交叉路径时选择灵活性也大,这样反而增加了车辆及行人在移动中冲突的范围,使通过的危险性加大。使用渠化措施压缩路面面积,使车辆及行人通过交叉时的路径单一且集中,可有效地控制冲突范围,在较小的冲突范围内,人们可准确地判断并采取应急措施,从而增加安全度。

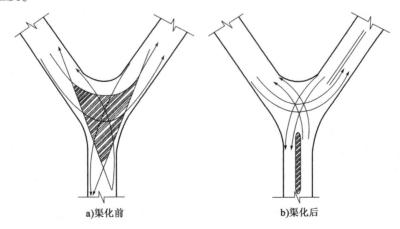

图 2-1 渠化交通示例 1

(2)加大交通流的交叉角(图2-2)。车辆交叉通过时,其交叉角度越接近直角越有利,这是因为:

①冲突面积可能减小。当交通流垂直交叉时,其交叉点确切、固定,因而冲突可控制在很小范围内。

②车辆通过交叉点的时间最短。交角越小,实际交叉过程历时越长,可能产生冲突的机会越多。

③易判断被交叉车辆的通过速度。车辆在通过交叉处的过程中,总是一方利用另一方的车间距穿插通过。为确保通过的安全性,应保证交叉处可使驾驶员正确判断对方车速,而判断车速的有利位置是在车流的垂直方向上。

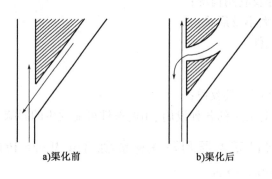

a)渠化前   b)渠化后

图2-2 渠化交通示例2

(3)减小车流的分、合流角度(图2-3)。当车流不是交叉,而是分流、合流或进行交织时,渠化设计应使其分、合流角度尽量小。这是因为角度小时交通流可用最小速度差进行分、合流。而且在合流时可利用小的车头间距。一般应使这一角度控制在10°~15°。

(4)当交叉位于曲线时,渠化交通应促使次要道路的车流进入交叉时减速缓行。尽量使主要道路的交通流顺畅(图2-4)。

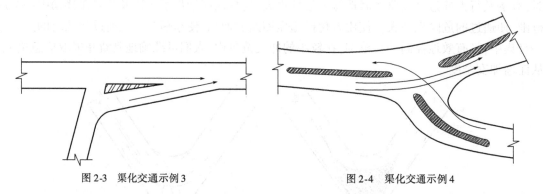

图2-3 渠化交通示例3   图2-4 渠化交通示例4

(5)应有利于车流驶入交叉时减速和驶出交叉时加速[图2-5a)]。

为确保交叉口的交通安全,并降低交叉的工程造价,交叉口范围内的设计速度总要低于相交路段。因此,车辆驶入交叉时要减速,而驶出交叉时要加速,渠化交通设计应配合这一要求,一般做法是把出入口渠化成喇叭形。

(6)渠化交通用的交通岛位置及形状,应配合交通组织,指示或强制车辆按正确路径行驶,而不致误入禁行方向[图2-5b)]。

(7）渠化交通的设计，还应有利于车辆及行人横穿对方交通流时的安全[图2-5c)]。如有可能，应在道路较宽的方向上设置尽量宽的交通分离带，以形成行人过街的安全岛，或成为车辆穿街时的避让带。这样，可在保证较大正线交通量的条件下，提高穿越通行能力。同时也有利于交通安全。

（8）交通岛的布设，除满足交通需求外，还应为安放交通管制设施提供空间[图2-5d)]。

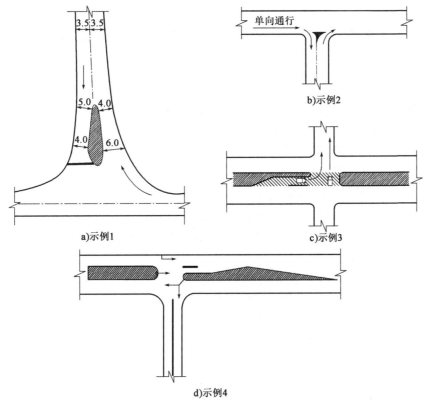

图2-5 渠化交通示例(尺寸单位:m)
(图中箭头为标志的朝向)

以上各项为一般情况下的渠化交通设计原则，当遇特殊情况时，还应根据具体情况分析决定。

(二)渠化交通注意事项

在平面交叉使用渠化交通的管制措施处理交通时，如渠化岛设置得当，可取得相当好的效果。对交叉的交通进行渠化时，应充分考虑交叉处的道路交通条件，进行精心设计。渠化交通设计时，应注意以下事项：

(1）应对通行能力和安全性等进行充分分析后，再确认进行渠化的必要性，不在交通条件不适当处进行渠化。

(2）渠化后的车道宽度要适当，过宽会导致车辆并行或强行超车而诱发车辆碰撞事故。

(3）渠化交通岛要有足够面积，且数量要尽量少。

(4）避免交通分、合流点集中，以便驾驶员判断。

(5)渠化路径应符合人们习惯,尽量方便行人与车辆,不使导流岛成为车道上的障碍物。
(6)渠化后不再有锐角冲突点。
(7)在没有交通信号控制的交叉口处渠化时,应考虑今后使用交通信号的可能性。
(8)应具有良好的视距和照明,为交通信号和标志提供良好的视认条件。
(9)对渠化方案应先以临时形成实施,待条件成熟后,再进行固定式渠化。临时渠化可在路面上摆放物体形成。

三、渠化交通的设计方法和实例/Canalized Traffic Design Methods & Examples

(一)渠化交通的设计方法

在进行交叉口渠化交通设计时,可按以下步骤进行。
(1)收集和测量交叉口有关资料。
道路几何条件:车道数量、宽度、缘石转弯半径。
相交道路条件:主次关系、各道路沿线土地利用条件。
交通条件:主要交通方向、各方向交通量、存在的主要交通问题。
用地条件:现有交叉面积及可能的最大用地面积。
交通管制方式:有无交通分隔及交通限制(如限速、单向交通,限制左转等),有无交通信号控制或拟实行交通信号控制等。
(2)拟定渠化方案。根据渠化原则和交叉的实际条件,对每一条相交的交通流进行详细研究,提出对策方案,并综合形成总体渠化方案。
(3)绘制渠化交通方案图,并在纸上研究行驶通过条件。细部研究时可用比例尺为1:500的图,方案研究可用1:1000~1:2000的图。
(4)拟定渠化用交通岛的几何尺寸。
(5)在现场作临时性渠化,检验渠化实施效果,在此阶段要求设计者跟踪调查,并将结果反馈,修正渠化设计方案直至合理。

(二)平面交叉渠化交通设计实例

设计要求:对于图2-6所示Y形平面交叉进行渠化交通设计。

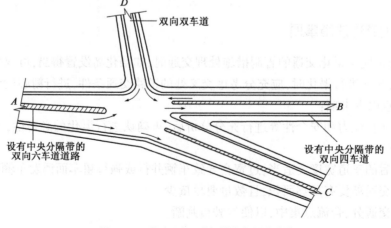

图2-6 Y形平面交叉进行渠化交通设计前

已知条件：

(1)道路条件：A 方向的主干道路到达交叉后分为 B、C 两个方向，从而形成 Y 形交叉。但由于交叉处还有一条去往 D 方向的支路，所以形成一个变形的 Y 形交叉。A 方向为设有中央分隔带的双向六车道道路，B、C 方向均为设有中央分隔带的双向四车道道路，D 为双向双车道道路。由于 B、C 方向道路的交角较小，故交叉面积较大，且未进行任何交通渠化。

(2)交通条件：交叉在渠化前，由于交叉面积大，且有 D 方向道路连入，行人和车辆通过交叉无任何约束，交通相当混乱，经常发生交通事故。C 道路去往 B 方向的右转交通，由于转角大，造成右转较为困难。

(3)渠化拟解决的主要问题：

①改善 C 道路去往 B 方向的右转交通条件；

②压缩交叉面积；

③明确各方向交通通过交叉的路径；

④解决行人过街问题。

具体渠化交通方法(参见图 2-7)：

(1)设导流路解决 C 道路去往 B 方向的右转交通。

由于 B、C 道路的交角相当小，因此，右转车辆进入交叉后再右转很难保证通行条件。如按右转车辆的通过速度要求来设置缘石转弯半径，则会使交叉面积进一步扩大。为此，宜另开辟导流路以供右转，保留原交叉处缘石以形成交通岛 a。为保证交叉内的视距条件，该岛不植树，中央作绿地，四周为人行道，并在导流路上设人行横道。

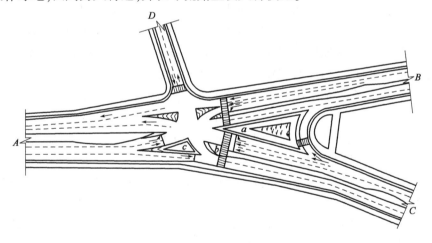

图 2-7 Y 形平面交叉进行渠化交通设计后

(2)在交叉内设交通岛压缩交叉面积，减少交通冲突区域。

在交叉内设置交通岛，无疑可减少交叉面积，但应以不造成交通障碍为前提。考虑到 A→B 方向右侧无道路接入，故交叉右半部只要保证 A→B 方向直行交通即可。故可在此范围内设置交通岛 c，且可做到不妨碍交通。再配合交通岛 a，延长 C 道路中央分离带设置交通岛 b。这样，即可有效地压缩了交叉面积。各岛形状、位置、几何尺寸均按设计要求决定。

(3)通过路面画线进一步明确通过路径。

根据各向交通具体情况，规划其最优通过路径。设计中主要控制 A→D、B→C、D→C 向的

左转交通及 $C \to D$ 向的右转交通。在规划路径时,除满足车辆能按一定速度通过交叉外,还应考虑车辆进入交叉时减速和驶离交叉时加速的要求。在明确各向路径后,将交叉中无交通的"死区"用画线(参见图 2-7 中的斜线阴影部分)的方式禁止车辆进入,以达到渠化目的。b、c 交通岛间的间隙是为 $D \to C$ 方向和 $B \to C$ 方向的左转交通使用而设。

(4)结合渠化设置人行横道,方便行人过街,并减少行人对车辆通过交叉的干扰。

通过渠化将交叉面积压缩后,可仅在 B、C、D 各路口设置人行横道,A 路口不再设置。这样,可使行人过街干扰小,且行人走行距离也不大。B、C 路口因有分离带及交通岛,能为设置人行横道提供良好条件。

第三节 交通信号控制/Traffic Signal Control

由于在一定的道路条件下使用交通信号控制后,总可以在一定程度内提高通行能力,因此,当平面交叉出现交通拥挤乃至交通饱和时,不一定立即采用改建交叉或修筑立交的方法,而可以用设置交通信号的方法来解决交通问题。平面交叉是否需要使用交通信号控制,要视交叉口处各向交通量的大小程度而定,不可错误地认为,使用交通信号控制的交叉,就一定优于不用交通信号控制的交叉。这是因为交通信号控制只是通过信号灯光不同颜色的显示来指挥交通,其作用与交通警察在交叉口处用手示指挥交通没有区别,只是灯光更醒目、更规范、更准确。通过交通信号指挥,可使交通秩序井然,因而可在一定范围内提高通行能力,也可减少一些某种形式的交通事故;而且由于可以用信号显示中断交通流,使次要交通流方向的车辆通过交叉成为可能。但是,交通信号控制手段并不能提高交叉口处的基本通行能力。当交叉口处各方交通量都较少时,使用交通信号控制会造成车辆不必要的等待,使车辆通过交叉口的损失时间加大。另外,还会增加追尾及闯红灯等类事故。因此,只有当交通量达到某种水平后才有必要对交叉实行交通信号控制,对此必须做定量的分析。

根据交通信号控制的范围,交通信号控制可分为单独交叉交通信号控制、线系统交通信号控制和面系统交通信号控制三种。

单独交叉交通信号控制,其控制范围为某单一交叉口,简称点控。控制的目的在于提高车辆通过某一交叉口的条件。

线系统与面系统交通信号控制,其控制范围为某一系统内的一些交叉。控制的目的在于提高车辆通过某一系统内各个交叉的总体通过条件。当系统交通信号控制的交叉口均在同一路径时,称为线系统交通信号控制,简称为线控。而当其控制的交叉口为某一区域范围时,则称为面系统交通信号控制,简称面控。

系统交通信号控制是在点控基础上通过相邻交叉信号显示时差的妥善安排来求得车辆通过系统的总体效果的。该内容见《交通工程》相关教材。

本课程所涉及的交通信号控制,只是点控,目的在于将单独交叉交通信号控制作为交通组织手段和道路改造手段一起解决平面交叉的交通问题,也讨论不同交通控制条件下如何对交叉口进行设计,以适应交通信号控制的需要。

一、单独交叉交通信号控制的基本形式及控制参数/Basic Forms of Individual Crossing Traffic Signal Control & Control Parameters

单独交叉交通信号控制的基本形式有固定周期信号控制及感应信号控制两种。

(一)固定周期信号控制

固定周期信号控制的控制参数为显示、周期和配时。

1. 显示

用灯光来表示某一交通流或交通流群分配通行权,称为显示。为排除交叉处的交通干扰,应根据交通情况决定显示数量。

我国信号控制的显示数多为两显示。在左转车辆多时,也有采用三显示和四显示方式的。

2. 周期

各显示循环一周,称为一个周期,所需时间称为周期长。

周期长度应适应交通量的需要,周期过长会使等待时间加长,从而浪费时间,导致通行效率下降,还可能引起驾驶员无视信号而闯红灯;周期过短又会使大量车辆无法通过而滞留在交叉口。

3. 配时

在一个周期内各显示所占的时间长度或比率称为配时。

配时不合理会使一些方向车辆滞留,而另一些方向出现绿灯时间过长。由于进入交叉的各向交通量随时间发生变化,信号参数的周期和配时也应随交通状态的变化而改变,即随时改变参数。这样做有时很困难。但由于一个地区或一个时间段内的交通形式变化不大,所以,就有可能使对应交通状态在全天或在某一时间段内使用某一固定的参数控制,此即为固定周期信号控制,也称定时控制。当全天都使用一套参数时称为一段定时控制;当在一天内根据不同时段的不同交通状态使用不同的参数控制时称为多段定时控制。

固定周期信号控制比较简单,而且在准确掌握交通状态的条件下,通过合理地确定参数,可收到很好的控制效果。

(二)感应信号控制

为能根据车辆到达实际情况分配通行权,可在交叉口入口路段上设置车辆感应器,当车辆到达时,由感应器感知并控制信号显示。这种控制形式,根据感应器设置数量,又可以分为半感应式及全感应式两种。

1. 半感应式信号控制

当主要道路与次要道路相交时,为保证主要道路优先通行,并兼顾次要道路,可在交叉口处的次要道路入口前设置车辆感应器(图2-8)。当次要道路无来车时,主要道路方向的信号控制一直显示绿灯。当次要道路来车被感知后,才给次要道路显示绿灯,而暂时中断主要道路的车流。

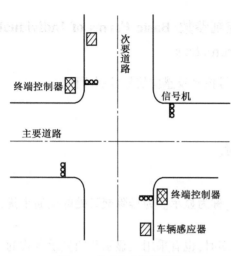

图 2-8　半感应式信号控制

其控制参数及控制方法如下：

（1）主要道路"最小绿时"。次要道路来一辆车，称为一次呼叫。为保证主要道路的交通优先，当主要道路显示绿灯后，应保证有足够的绿灯时间，在此时间内，即使遇有次要道路来车呼叫也只作记录，并不改变通过条件，只有当这一时间结束后，才对呼叫给予答复。这一对主要道路必须保证的最短绿灯时间，即为"最小绿时"。设置最小绿时可保证主要道路的通过条件。

（2）次要道路"初期绿时"。当主要道路最小绿时结束后，次要道路有呼叫或记忆有呼叫时，绿灯才转换给次要道路。显示转换后，为保证次要道路车辆有一安全的通过时间，也要保证一定绿灯时间长度。这一绿灯时间即为"初期绿时"。

（3）"单位延长绿时"。在次要道路初期绿时未结束前如又有呼叫时，可将此方向的绿时延长一单位绿灯时间，即为"单位延长绿时"。

（4）次要道路"最大绿时"。当次要道路不断呼叫时，为不使主要道路的车辆等时过长，对其规定最大绿灯时间长度。到达此时间后，绿灯无条件变回到主要道路。这一时间限制即为次要道路显示的"最大绿时"。

2. 全感应式信号控制

当两条性质基本相同的道路相交时，可在各入口处设车辆感应器以感知车辆的到达情况（图2-9）。

此时对各方向均设置初期绿时、单位延长绿时及最大绿时等参数。根据上述感应显示方法控制各向信号显示方式，以达到对车辆通过的有效控制。此种控制方式，当交叉口交通形式变化无常，且交通量不十分大时，是十分有效的，它比固定周期形式能更好地适应交通需要。但各向交通都较大时，会出现每方向显示绿灯后都要延至最大绿时，而不管另一方向有无呼叫，当此方向到达最大绿时后，又要无可奈何地转向另一方向，其结果无异于固定周期信号控制，其控制周期长为两个最大绿时之和，各方向配时即为这一方向的最大绿时。因此，这种控制方式只有在交通量较小且经常变化时才有使用的必要。

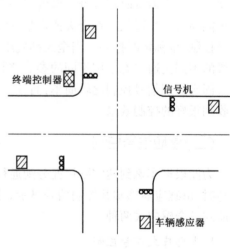

图 2-9　全感应式信号控制

二、控制参数设计原理/Principle of Control Parameter Design

由上述可知，感应信号控制是通过对车辆到达的感知来控制信号转换，且当交通量大时与固定周期效果一样,故此处仅介绍固定周期信号控制的参数设计。

控制参数的设计,即根据交叉口的交通量与道路条件来调整、决定信号的显示数、周期长度及各显示配时的过程。其基本设计方法为饱和度法,这一方法的基本原理如下:

首先根据交通条件和存在交通问题决定显示数量。然后决定各向交通在有效绿时中每小时能够通过交叉的最大车辆数,这一数值即为该处的基本通行能力。再通过对各项实际条件的修正,得到其对应实际道路与交通条件下的实际通行能力,这一通行能力即为交叉口处所允许的最大饱和交通量,当进入交叉的交通量达到这一数值时,则交叉口饱和,小于这一数值时,即尚未饱和。这样,通过进入交叉的现状交通量与现状实际通行能力比较,即可得出交叉口处的饱和程度——饱和度。当饱和度等于或接近1.0时,说明交叉口处已无再进一步容纳交通的可能。此时,应通过改建交叉(如增加车道、改善线形条件等)或改善交通条件(如限制左转等)来提高通行能力。而当饱和度小时,可根据饱和度大小决定周期长度。其基本原理为信号周期中有效绿灯所占时间比值应等于交叉口饱和度,即:

$$\frac{C - \sum L}{C} = S \tag{2-1}$$

式中:C——周期长(s);

$\sum L$——各显示损失时间总和,可认为是黄灯时间总和(s);

S——交叉口处的交通饱和度,S = 交通量/实际通行能力。

由此可得:

$$C = \frac{\sum L}{1 - S} \tag{2-2}$$

由式(2-2)可以看出,交叉口处饱和度越大,所需周期长度也越长;反之,可小些。也即交通量大时,周期要长;反之,则可短些。

求得周期长后,可根据各显示的饱和度按比例分配绿灯时间。

三、交通信号控制的设计方法及步骤/Methods of Traffic Signal Control Design & Steps

(一)设计基本程序

交通信号控制的设计,除硬件外,主要是确定信号控制参数。其基本设计程序如图2-10所示。

(二)设计方法及步骤

1. 交叉口交通量调查

交通量调查应在交叉口各入口处分方向、交通类别、车辆种类进行。

(1)测定时间。由于交通信号控制多使用多段定时控制方式,故应作昼间12h调查,以掌握全天不同峰时交通量情况。一般可从7时至19时。当高峰小时在此以外时还应延长测定时间。高峰小时时段明显时，也可只测定包括高峰小时在内的几个时间段的交通量。

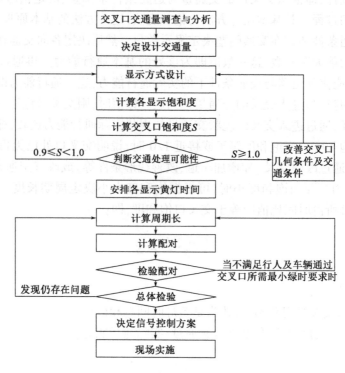

图 2-10　交通信号控制设计程序框图

(2) 测定时间单位。为准确掌握高峰小时时段总交通量数值，测时时段应小于 1h。一般选 5min、10min、15min，即每 5min、10min、15min 计测一交通量值，连续 1 个小时的数值之和的最大值即为高峰小时交通量，其对应时间即为高峰小时。

(3) 测定交通量。对机动车交通和非机动车交通均分直行、左转和右转，并区分车型（如小汽车、大型汽车，自行车、三轮车等）调查，同时还要记录各人行横道行人交通量。机动车和行人的交通量调查，可应用表 2-1 的形式记录。非机动车交通量调查的记录表格可仿照表 2-1。以上调查资料经整理后，将调查结果绘成交叉口流量、流向图（图 2-11）。

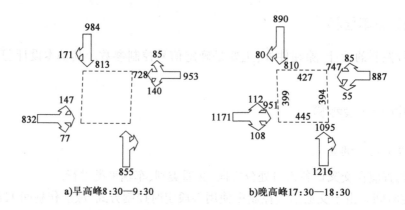

图 2-11　交叉口流量、流向图

交叉口交通量调查表

表 2-1

时段	车型	汽车交通量 路口 A			B			C			D			行人交通量 人行横道			
		左	直	右	左	直	右	左	直	右	左	直	右	a	b	c	d
7:00—7:15	大型车	0	5	1	1	9	0		12	0		6	0	87	104	105	112
	其他车	4	37	7	8	96	7		162	14		69	5				
7:15—7:30	大型车	1	8	2	1	10	0		14	1		12	0	132	111	98	132
	其他车	7	72	12	13	112	9		136	23		105	10				
7:30—7:45	大型车	1	14	1	2	9	1		17	2		15	1	162	176	135	101
	其他车	6	86	7	21	118	12		150	32		109	11				
7:45—8:00	大型车	2	12	0	2	12	2		18	0		8	1	169	162	162	172
	其他车	24	79	12	15	132	15		142	24		111	12				
8:00—8:15	大型车	1	8	1	2	19	1		9	3		12	2	196	207	161	181
	其他车	20	87	8	23	121	14		136	29		162	14				
8:15—8:30	大型车	3	12	1	1	14	2		14	4		14	1	200	205	232	149
	其他车	28	116	16	19	152	15		168	32		168	15				
8:30—8:45	大型车	4	15	1	3	17	2		23	2		14	2	252	262	212	232
	其他车	32	136	17	33	170	17		192	38		179	16				
8:45—9:00	大型车	4	16	2	4	19	2		25	3		17	1	254	227	246	207
	其他车	37	124	16	28	148	22		176	43		186	15				
9:00—9:15	大型车	3	18	2	2	14	2		17	4		16	2	274	257	210	186
	其他车	29	163	17	29	177	21		168	41		180	14				
9:15—9:30	大型车	4	16	2	5	16	2		16	3		19	3	232	222	208	164
	其他车	34	120	20	36	167	17		196	37		175	16				
17:00—17:15	大型车	2	28	4	4	15	3		25	3		29	4	88	105	79	96
	其他车	16	247	24	21	163	21		189	18		257	27				
17:15—17:30	大型车	3	24	3	3	20	2		18	5		27	3	95	114	103	88
	其他车	19	198	23	15	142	14		236	27		214	22				
17:30—17:45	大型车	3	26	4	4	17	2		25	4		18	4	103	110	91	105
	其他车	24	178	27	14	138	16		193	23		230	17				
17:45—18:00	大型车	2	19	3	2	14	4		17	3		22	4	115	96	106	116
	其他车	28	182	18	12	151	25		201	17		245	28				
18:00—18:15	大型车	5	22	4	1	20	3		30	3		30	2	97	87	112	121
	其他车	32	207	21	4	167	21		187	20		266	32				

续上表

时段	车型	汽车交通量										行人交通量			
		路口										人行横道			
		A			B			C			D				
		左	直	右	左	直	右	左	直	右	左	直	右	a	b	c	d
18:15—18:30	大型车	4	34	3	3	14	1		24	2		13	3	84	91	118	103
	其他车	20	283	28	15	118	13		143	8		271	31				
18:30—18:45	大型车	3	32	4	1	11	2		17	3		32	4	95	101	136	95
	其他车	29	243	29	7	98	14		186	21		265	26				
18:45—19:00	大型车	2	25	2	2	8	1		9	1		19	2	73	86	121	98
	其他车	15	171	16	7	56	7		104	6		172	15				

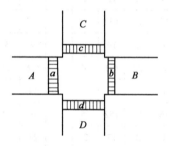

2. 确定设计交通量

交通信号控制中的设计交通量使用小时交通量。当采用一段定时控制时,设计小时交通量应选用全天中的高峰小时交通量;而当采用多段定时控制时,应分别选用不同时段的高峰小时交通量。由于交通控制是以解决现状交通为目的,所以应以现状交通量作为设计交通量。图2-11即为整理后的两段高峰小时交通量作为确定信号控制参数的依据。

3. 显示方式设计

在一个交叉口处,信号显示的方式可有多种,但不同显示方式的控制效果不同。一个周期中显示数量越多,交通分离越彻底,交通干扰就越小,但显示数量增多后,会增加信号周期中的损失时间,从而降低交叉的通行能力。因此,显示设计要根据交叉的几何构造条件(车道数量、宽度、交叉长度)、交通条件(交通量、转弯车辆比率、大型车比率、行人过街数量等)决定。具体可按以下步骤进行:

(1)描绘各入口处的交通流线图。
(2)将不冲突或不合流的交通流线分组,每一组即为一个基本显示对象。
(3)根据交通条件等将干扰不大的基本显示合并,即可得出设计显示数。
(4)决定显示顺序。
(5)进行显示检验并做必要的修正。

图2-12为一个十字交叉的显示设计示例。

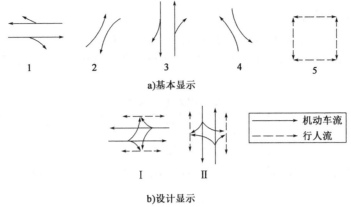

图 2-12 十字交叉显示设计示例

4. 计算饱和度

(1) 确定基本通行能力 S_B

基本通行能力 S_B 值可按表 2-2 选用。这一数值是指在理想的道路与交通条件下,一条车道可通过的最大车辆数,即在道路平坦、车道宽畅、无行人横穿干扰、车流中只有小汽车,且前后车保持一定的车头间距匀速连续行驶时,一个绿灯小时内交叉入口处一条车道所能通过的最大车辆数。

基本通行能力 S_B 值　　　　表 2-2

车道种类	基本通行能力(辆/绿灯小时)	车道种类	基本通行能力(辆/绿灯小时)
直行	1440	右转	1200
左转	1200		

满足上述条件的直行车平均车头间距为 2.5s,转弯车辆平均车头间距可为 3.0s,则直行车道的基本通行能力 S_B 为:

$$S_B = \frac{3600}{2.5} = 1440 (辆/绿灯小时) \quad (2-3)$$

转弯车道的基本通行能力 S_B 为:

$$S_B = \frac{3600}{3} = 1200 (辆/绿灯小时) \quad (2-4)$$

(2) 计算设计通行能力 S_D

当交叉口处的道路、交通条件不能满足上述理想条件时,道路实际通行能力将小于基本通行能力。实际通行能力是在道路基本通行能力的基础上,对应实际道路、交通条件做必要修正后得出的,这一通行能力称为设计通行能力 S_D。主要修正内容及修正系数如下。

① 车道宽度的修正。

当交叉口入口处车道宽度小于 3.0m 时,通行能力将受影响,其影响系数 a_W 为 0.95。

② 道路坡度影响。

当入口道路不是平坡时,可按表 2-3 中的修正系数 a_i 进行修正。

道路纵坡影响系数 a_i　　　　表 2-3

坡度(纵)(%)	-6	-5	-4	-3	-2	-1	0	1	2	3	4	5	6
修正系数 a_i	0.95	0.96	0.97	0.98	0.99	1.00	1.00	1.00	0.95	0.90	0.85	0.80	0.75

③大型车混入的修正。

因车道基本通行能力是按小汽车算得的,当车流中混入大型车后,由于其车体及车头间距都大,使车道通行能力降低,故当交通流中混入不同比例大型车时,应按表2-4中的修正系数a_T进行修正。

大型车混入修正系数a_T　　　　表2-4

大型车混入率(%)	5	10	15	20	25	30	35	40	45	50
修正系数a_T	0.97	0.94	0.91	0.88	0.85	0.83	0.80	0.78	0.76	0.76

表2-4中的修正系数a_T是以大型车对小汽车换算当量为1.7时按式(2-5)算得的。

$$a_T = \frac{100}{(100-T) + E_T T} \tag{2-5}$$

式中:a_T——大型车混入时的修正系数;
　　　E_T——大型车换算当量,$E_T = 1.7$;
　　　T——大型车混入率(%)。

换算当量与道路纵坡等有关。当换算当量不等于1.7时,应根据算得的换算当量求a_T。

④转弯车辆对直行车道通行能力影响的修正。

当不设左、右转专用车道时,左、右转车辆与直行车辆将使用同一车道,此时可将其看作对直行车辆的干扰因素。它对直行车道通行能力影响系数的计算方法,也与大型车混入修正系数相同,只要计算出转弯车辆对直行车辆的换算当量值,再算出其所占比例即可求得,具体方法如下:

a. 左转车辆影响系数a_L。

先计算左转车辆换算直行车辆的当量值E_{LT}:

$$E_{LT} = \frac{1440 \times G/C}{S_L} = \frac{1440 \times G/C}{1200 \times f \times \frac{SG - qC}{C(S-q)} + 3600 \times \frac{K}{C}}$$

$$= \frac{1.2}{f \times \frac{GS - qC}{G(S-q)} + \frac{3K}{G}} \tag{2-6}$$

式中:E_{LT}——左转车辆换算当量;
　　　C——信号周期长(s);
　　　S_L——无左转显示时左转专用车道通行能力(辆/h);
　　　G——信号有效绿灯长(s);
　　　S——对向驶入车道基本通行能力(辆/绿灯小时);
　　　K——显示转换间隔时间中可处理的左转车辆数(辆),小的交叉口为2辆,大的为3辆;
　　　q——直行车道交通量(辆/h);
　　　f——对向直行车道交通量为q时的左转车辆可通过的概率,当$q > 1000$辆/h时,$f = 0$;$q \leq 1000$时的f值见表2-5。

概率f值　　　　表2-5

q(辆/h)	0	200	400	600	800	1000
f	1.00	0.81	0.65	0.54	0.45	0.37

然后计算影响系数 a_L：

$$a_L = \frac{100}{(100 - L) + E_{LT} \times L} \quad (2-7)$$

式中：L——左转车辆占直行车道交通量的比例(%)。

b. 右转车辆影响系数 a_R。

先计算右转车辆对直行车辆的换算当量：

$$E_{RT} = \frac{1440}{S_R} = \frac{1440}{\dfrac{1200[(1-f_P)G_P + (G - G_P)]}{G}} = \frac{1.2G}{(1-f_P)G_P + (G - G_P)} \quad (2-8)$$

式中：E_{RT}——右转车辆换算直行车辆当量值；
　　　S_R——无右转显示时右转专用车道在行人干扰下的通行能力(辆/h)；
　　　G——有效绿灯时间(s)；
　　　G_P——行人绿灯时间(s)；
　　　f_P——因行人干扰而使右转车道通行能力下降比率，可按表2-6取用。

通行能力下降比率 f_P 表2-6

人行横道长(m)	周期长(s)	行人交通量(往返计，人/周期)			
		5	20	40	60
20	60	0.27	0.63	0.75	0.82
	90	0.18	0.51	0.74	0.81
	120	0.13	0.45	0.71	0.81
30	60	0.21	0.60	0.73	0.83
	90	0.17	0.48	0.72	0.81
	120	0.12	0.45	0.69	0.78
40	60	0.14	0.51	0.72	0.81
	90	0.14	0.49	0.67	0.80
	120	0.13	0.43	0.64	0.74

当 $G = G_P$，即行人与车辆使用同一信号时：

$$E_{RT} = \frac{1.2}{1 - f_P} \quad (2-9)$$

由于交叉口设计前表列指标多为未知，故可使用更为简单的直接折减法，即：

$$S_R = 1200 \times a_m \quad (2-10)$$

式中：a_m——在行人干扰条件下，右转车道通行能力折减系数，可按表2-7取用。

折减系数 a_m 表2-7

有效绿灯时间 G(s)	行人数量少时(每周期往返≤20人)	行人数量多时(每周期往返>20人)
20	0.89	0.63
30	0.88	0.58
40	0.87	0.56
50	0.87	0.55
60	0.86	0.54

在求得 S_R 后代入式(2-8)求取 E_{RT}，然后计算右转车辆影响系数 a_R：

$$a_R = \frac{100}{(100-R)+RE_{RT}} \quad (2\text{-}11)$$

式中：R——右转车辆占直行车道交通量的比例(%)。

⑤公交车辆停靠站对通行能力影响的修正。

在交叉口入口前设置公交车辆停靠站会影响车道通行能力。这一影响与停靠站距交叉口停车线距离及公交车交通量有关。它主要影响最外侧车道，其折减系数 a_B 可选用表 2-8 中的值。

折减系数 a_B 值　　　　　　　　　　　　　表 2-8

公交车站距交叉口停车线距离(m)	公交车交通量(辆/h)										
	0	10	20	30	40	50	60	70	80	90	100
10	1.00	0.90	0.78	0.59	0.48	0.44	0.41	0.40	0.38	0.37	0.36
30	1.00	0.90	0.81	0.64	0.55	0.52	0.49	0.48	0.46	0.45	0.44
50	1.00	0.90	0.83	0.77	0.74	0.70	0.66	0.63	0.59	0.57	0.54
70	1.00	0.92	0.87	0.85	0.83	0.81	0.78	0.76	0.74	0.72	0.70

设计通行能力　　　$S_D = S_B \times n \times a_W \times a_i \times a_T \times a_B \times a_L \times a_R$ 　　(2-12)

式中：n——对应显示的车道数；

其他符号意义同前。

(3)计算各显示饱和度 $F_{(I)}$

各显示饱和度 $F_{(I)}$ 为同一显示中各路口饱和度中的最大值。

路口饱和度　　　　　　　　$F_{(I)}^n = \dfrac{Q_{(I)}^n}{S_D}$ 　　　　　　　(2-13)

显示饱和度　　　　　　　　$F_{(I)} = \max\{F_{(I)}^n\}$ 　　　　　　(2-14)

式中：$F_{(I)}^n$——I 显示 n 路口饱和度；

$Q_{(I)}^n$——I 显示 n 路口设计交通量(辆/h)；

S_D——对应显示及路口的车道设计通行能力(辆/绿灯小时)。

(4)计算交叉口饱和度 S

$$S = \sum F_{(I)} \quad (2\text{-}15)$$

当饱和度为 1.0 时，说明交叉口已饱和，此时即必须采用改造交叉口或改善交通管制的手段以提高通行能力，从而使交叉口变为不饱和。实际上当饱和度接近 0.9 时交通已十分繁忙，故一般控制条件为 $S \leq 0.9$。

(5)计算周期长 C

当车辆到达为均匀状态时，最小信号周期长度计算公式为：

$$C_{\min} = \frac{L}{1-S} \quad (2\text{-}16)$$

当车辆随机到达且符合泊松分布时，最佳周期长应为：

$$C_{\text{copt}} = \frac{1.5L + 5}{1 - S} \quad (2\text{-}17)$$

式中：L——每一周期中的损失时间(s)，可取用周期内黄灯时间总和；

其他符号意义同前。

(6) 计算配时

每显示分配绿时时间应和其饱和度相适应，按式(2-18)计算：

$$t_{G(\text{I})} = (C - L)\frac{F_{(\text{I})}}{S} \quad (2\text{-}18)$$

式中：$t_{G(\text{I})}$——Ⅰ显示绿灯时间(s)；

其他符号意义同前。

(7) 调整绿时

任一显示的绿灯时间都需满足车辆和行人通过时的最小绿时要求。一般情况下主显示最少应为15s，从显示(左转)可为5s。当交通量很少时，主显示可适当减少，但不可短于8s。行人显示时间可按行人速度1m/s计算。当分配绿时后，发现某显示不满足最小绿时要求时，应将其调至最小绿时，这一增加的绿时时间可用加长周期解决。

四、交通信号控制的设计实例/Examples of Traffic Signal Control Design

设计如图2-13所示十字交叉处的交通信号控制方式及控制参数。

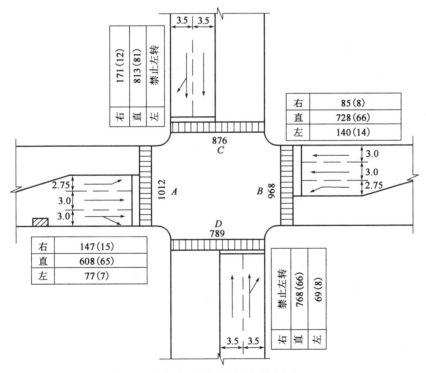

图2-13 十字交叉流量、流向图(尺寸单位：m)

已知设计交通量如图2-13所示，括号内为大型车数量，A入口公交车站处通过公交车交通量为20辆/h，各入口道路均为平坡段。

（一）决定显示数量及顺序

根据图2-13所给资料，A、B向左转车辆较多且有左转专用车道，为此拟定采用三显示，A、B向为直行显示和左转专用显示；C、D向因道路禁止左转，故仅设一显示。显示顺序如图2-14所示。

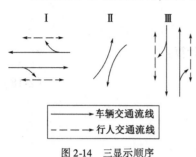

图2-14 三显示顺序

（二）计算各显示饱和度

（1）Ⅰ显示

A路口：因车道宽为3.0m，道路为平坡，且无左转车辆，则 $S_D = S_B \times n \times a_T \times a_R \times a_B$，其中 $S_B = 1440$（辆/绿灯小时），$n = 2$。

因为大型车比率 $= \dfrac{65 + 7}{608 + 77} = 0.11$，查表2-4得 $a_T = 0.934$。

右转车辆比率 $R = \dfrac{77}{608 + 77} \times 100\% = 11\%$

假定该显示绿时为50s，并设定行人与车辆使用同一绿时，则由表2-7查得 $a_m = 0.55$。

所以 $S_R = 1200 \times 0.55 = 660$（辆/绿灯小时）

$E_{RT} = \dfrac{1440}{660} = 2.18$

$a_R = \dfrac{100}{(100 - 0.11) + 2.18 \times 0.11} = 0.885$

由表2-8查得 $a_B = 0.825$，则 $S_D = 1440 \times 2 \times 0.934 \times 0.885 \times 0.825 = 1964$（辆/绿灯小时）。

所以 $F_{(Ⅰ)a} = \dfrac{608 + 77}{1964} = 0.349$

B路口：$S_D = S_B \times n \times a_T \times a_R$，其中 $S_B = 1440$（辆/绿灯小时），$n = 2$。

因为大型车比率 $= \dfrac{8 + 66}{85 + 728} = 0.09$，所以 $a_T = 0.946$。

由前知 $E_{RT} = 2.18$，$R = \dfrac{85}{85 + 728} \times 100\% = 10\%$

所以 $a_R = \dfrac{100}{(100 - 10) + 2.18 \times 10} = 0.894$

$S_D = 1440 \times 2 \times 0.946 \times 0.894 = 2436$（辆/绿灯小时）

$F_{(Ⅰ)b} = \dfrac{85 + 728}{2436} = 0.334$

$F_{(Ⅰ)} = \max\{F_{(Ⅰ)a}, F_{(Ⅰ)b}\} = 0.349$

（2）Ⅱ显示

A路口：$S_D = S_B \times a_W \times a_T$

$S_B = 1200$（辆/绿灯小时）

$a_W = 0.95$

因为大型车比率 $=\dfrac{15}{147}=0.10$

所以 $a_T=0.94$

$S_D=1200\times0.95\times0.94=1071$（辆/绿灯小时）

$F_{(\text{II})a}=\dfrac{147}{1074}=0.137$

B 路口：$S_D=S_B\times a_W\times a_T$

$S_B=1200$（辆/绿灯小时）

$a_W=0.95$

因为大型车比率 $=\dfrac{14}{140}=0.10$

所以 $a_T=0.94$

$S_D=1200\times0.95\times0.94=1071$（辆/绿灯小时）

$F_{(\text{II})b}=\dfrac{140}{1071}=0.131$

$F_{(\text{II})}=\max\{F_{(\text{II})a},F_{(\text{II})b}\}=0.137$

（3）III 显示

C 路口：$S_D=S_B\times n\times a_T\times a_R$

$S_B=1440$（辆/绿灯小时）

$n=2$

因为大型车比率 $=\dfrac{12+81}{71+813}=0.11$

所以 $a_T=0.934$

因为 $a_m=0.55$

$E_{RT}=2.18$

$R=\dfrac{71}{71+813}\times100\%=8\%$

所以 $a_R=\dfrac{100}{(100-8)+2.18\times8}=0.914$

$S_D=1440\times2\times0.934\times0.914=2459$（辆/绿灯小时）

$F_{(\text{III})c}=\dfrac{71+813}{2459}=0.359$

D 路口：$S_D=S_B\times n\times a_T\times a_B$

$S_B=1440$（辆/绿灯小时）

$n=2$

因为大型车比率 $=\dfrac{66+8}{786+69}=0.09$

所以 $a_T=0.946$

因为 $E_{RT}=2.18$

$R=\dfrac{69}{786+69}\times100\%=8\%$

$$a_R = \frac{100}{(100-8)+2.18\times 8} = 0.914$$

$$S_D = 1440 \times 2 \times 0.946 \times 0.914 = 2490(辆/绿灯小时)$$

$$F_{(\mathrm{III})D} = \frac{69+786}{2490} = 0.343$$

$$F_{(\mathrm{III})} = \max\{F_{(\mathrm{III})C}, F_{(\mathrm{III})D}\} = 0.359$$

(三)计算交叉口饱和度 S

$$S = \sum F_{(\mathrm{I})} = F_{(\mathrm{I})} + F_{(\mathrm{II})} + F_{(\mathrm{III})} = 0.349 + 0.137 + 0.359 = 0.845 < 0.9$$

(四)计算周期长

考虑饱和度较大、路口车辆到达时间接近一致,因此采用周期计算式 $C = \frac{L}{1-S}$。式中,L 取各显示黄灯时间之和,每显示黄灯时间考虑行人过街及清除交叉需要选用3s,所以 $L = 3 \times 3 = 9(\mathrm{s})$。则周期 $C = \frac{9}{1-0.845} = 58(\mathrm{s})$,取60s。

(五)计算各显示绿时

因为 $t_{G(\mathrm{I})} = (C-L) \times \frac{F_{(\mathrm{I})}}{S}$

所以 $t_{G(1)} = (60-9) \times \frac{0.349}{0.845} = 21(\mathrm{s})$

$t_{G(2)} = (60-9) \times \frac{0.137}{0.845} = 9(\mathrm{s})$

$t_{G(3)} = (60-9) \times \frac{0.359}{0.845} = 21(\mathrm{s})$

由计算结果知,各显示绿灯时间均满足最小绿灯时间要求,且周期长度也在正常范围内,故可直接选用该计算结果对此交叉口进行信号控制。

第四节　VISSIM 使用简介/Introduction for VISSIM Use

VISSIM 为德国 PTV 公司开发的一种微观的、基于时间间隔和驾驶行为的仿真建模工具,用以城市交通和公共交通运行的交通建模。它可以分析各种交通条件下,如车道设置、交通构成、交通信号、公交站点等,城市交通和公共交通的运行状况,是评价交通工程设计和城市规划方案的有效工具。VISSIM 仿真的流程主要包括仿真路网的建立、交通参数的输入以及仿真与评价。

一、路网建立/Road Network Established

1. 导入底图

VISSIM 导入底图(图2-15)按照如下顺序进行:查看(View)→背景(Background)→编辑

(Edit)→读取(Load)。其底图支持的格式包括*.bmp、*.jpg、*.png、*.tif、*.sid、*.dwg、*.dxf、*.emf、*.wmf、*.shpp 等。

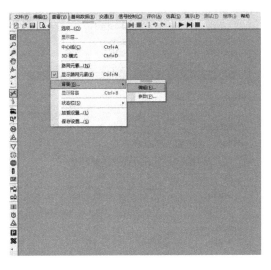

图 2-15　导入底图

导入底图的目的主要在于确定图形的比例,以便使得后续仿真路段的长度、宽度、高程等参数符合实际路段情况。确定底图比例按照查看(View)→背景(Background)→编辑(Edit)→比例(Scale)进行,鼠标指针变成一把尺,尺的左上角为"热点",按住并沿着标距拖动鼠标左键→释放鼠标,根据导入底图的实际尺寸,输入两点间的实际距离,点击"确定(OK)"。

2. 添加路段及连接器

导入底图后,要进行路段添加、连接器添加。路段的添加首先要寻找到所有进入交叉口的道路,并确定车道数、车道宽度、仿真路网长度、仿真路网开始和终止点高程等参数。通过选中工具栏的 ✗ 快捷键进行路段添加,在路段起点按住鼠标右键,沿着交通流运行方向将其拖动至终点位置,释放鼠标后出现如图 2-16 所示界面,按照实际情况输入相应参数。如果后续需要修改路段属性可双击路段进行。

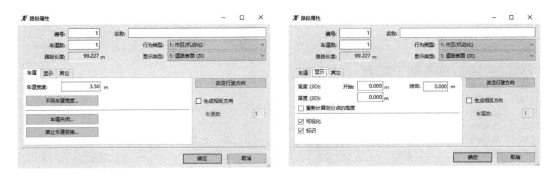

图 2-16　添加路段属性

在交叉口两个路段的连接通常需要用到连接器,添加连接器的快捷键与添加路段的相同。添加连接器时用鼠标右键点击起始路段,并拖动到连接路段的终点位置,随后将出现如图 2-17 所示界面。

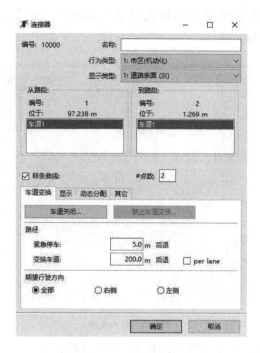

图 2-17　连接器界面

二、交通参数输入/Traffic Parameters Input

1. 基础数据

VISSIM 提供的基础数据包括各种车辆的速度、加速度及重量分布,车辆类型及驾驶行为等,其中 VISSIM 提供期望车速的编辑功能,首先选中需要编辑的期望速度,点击编辑后可使用鼠标右键点击在期望车速的分布线上增加节点,从而根据实际的情况编辑期望车速的分布(图 2-18)。另外,VISSIM 软件中包含的车辆类型包括小汽车、货车、大型客车、行人和自行车。

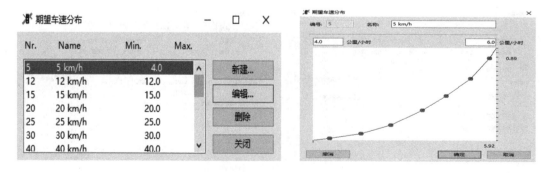

图 2-18　期望车速分布设置

2. 车辆构成及车辆输入

在进行 VISSIM 仿真时,需要对所仿真路段的交通构成进行定义,可根据实际情况进行车辆构成的定义,具体操作按照交通(Traffic)→交通构成(Traffic Composition)进行,随后出现如图 2-19 所示界面,在该界面中可以根据所需仿真的情况定义 VISSIM 提供的车辆类型组合,且可以定义各种车辆的期望车速及在仿真路段中的相对流量。

定义好所需的交通构成后,可输入各个路段的交通流量,首先点击工具栏的快捷键,然后双击需要定义交通流量的路段,将出现如图 2-20 所示界面,可根据仿真所需车流量进行车流量的输入(车流量单位为辆/h),并选择此路段的交通构成。

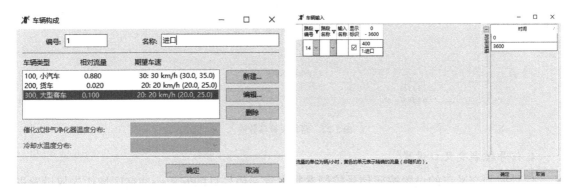

图 2-19 车辆构成定义　　　　　　　图 2-20 车辆输入

3. 路径决策

定义路径决策时通过点击工具栏的快捷键进行,随后在决策起点路段上点击鼠标右键,将出现红色短线,并出现如图 2-21 所示界面,然后在决策终点路段点击鼠标右键,将出现绿色短线与黄色线段。在空白处点击鼠标右键,将出现如图 2-22 所示界面,可进行决策参数的输入。

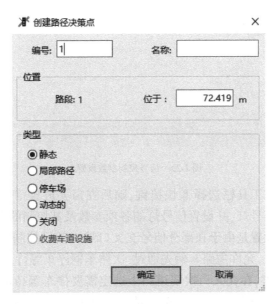

图 2-21 创建路径决策点

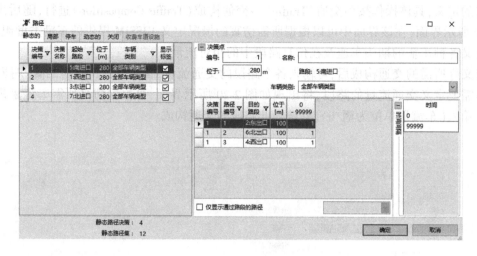

图 2-22　路径决策参数输入

4. 信号控制交叉口设置

信号控制交叉口的设置按照信号控制参数设置→信号灯的安放→冲突区域优先权设置进行。信号的参数设置按照信号控制(Signal Control)→编辑控制信号器(Edit Controllers)进行，随后出现如图 2-23 所示界面，可进行信号灯周期、相位等参数的设计。

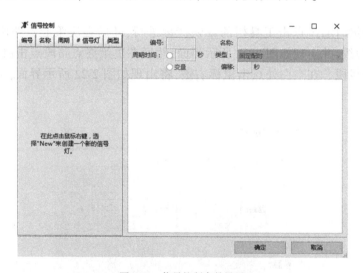

图 2-23　信号控制参数设置

信号灯的安放需要在工具栏选择 快捷键，随后在需要放置信号灯的路段，选择合适的位置点击鼠标右键放置信号灯，并设置信号灯的各项参数及其控制的车辆类型。

冲突区域优先权的设置是由于在部分信号交叉口缺少信号控制会产生交织，因此需要在这样的交叉口设置优先权，允许主路车辆先通过，次路车辆停车等待。优先权设置的具体方法是选择工具栏的 快捷键，在交叉口次要道路上选定需要停车等待的位置，点击鼠标右键出现红色短线，随后在需要检测车头间距与车头时距位置处点击鼠标右键出现绿色短线，并弹出如图 2-24 所示界面，输入相应参数。

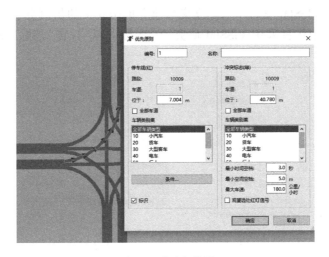

图 2-24　优先权设置

三、仿真与评价/Simulation & Evaluation

1. 仿真

VISSIM 仿真包含仿真参数的设置及仿真。在仿真参数的设置方面，VISSIM 提供设置的参数包含仿真注释、交通规则（左行或右行）、仿真时间（学生版本 VISSIM 只支持 600s 以下仿真）、起始时间、仿真精度、随机种子、仿真运行速度及中断时刻。设置按照仿真（Simulation）→参数（Parameters）进行。

参数设置完成后，选择仿真（Simulation）→连续（Continuous）进行仿真，也可以使用 ▶ 进行连续仿真与继续仿真操作，使用 ▶│ 进行单步仿真与暂停操作，使用 ■ 进行停止仿真操作。

2. 评价

VISSIM 评价包括行程时间、延误、排队长度的检测，行程时间的检测区段由一个起点和一个终点组成，平均行程时间（包括停车时间）是指车辆通过检测区段的起点直至离开终点的时间间隔。延误的检测是在行程时间检测区段的基础上，生成路网的延误数据。排队长度的检测需要先在路段上设置排队计数器，设置方法是在工具栏中选择 △ 快捷键，在需要测试排队的路段的检测点上点击鼠标右键，出现如图 2-25 所示界面。

在设置好相应参数后，可以按照评价（Evaluation）→文件（File）进行评价文件的设置，弹出如图 2-26 所示界面。随后可勾选需要评价的项目，进行相应的配置（以行程时间检测配置为例，如图 2-27 所示），VISSIM 会自动输出相应评价的数据。

图 2-25　排队计数器

四、应用实例/Application Example

VISSIM 的应用较多，能够用于新型交叉口设计及交通渠化的效果验证，具体可见参考文献[14]、[15]、[16]。在文献[14]中作者设计了一种卫星岛，并利用 VISSIM 进行了其渠化效果验证；在文献[15]中作者设计了一种左转单跨立交，消除了交叉口左转车辆较多的两个方向左转车流,并利用 VISSIM 进行了未建立交与建立单跨立交的仿真分析,输出相应数据进行了比较;在文献[16]中作者采用 VISSIM 研究了"直行-掉头-右转"消除左转行车方式的开口位置。

图 2-26 评价文件设置

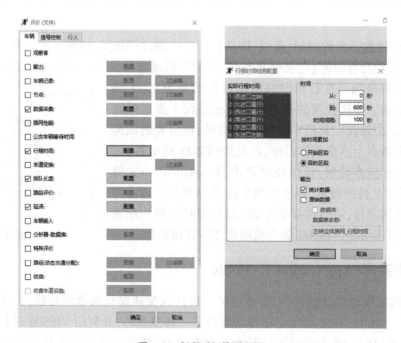

图 2-27 行程时间检测配置

课后习题/After-school Exercises

1. 简述交通管制对于平面交叉设计的重要性。
2. 常用的交通管制方法有哪些？在考虑这些方法的同时还要考虑哪些交通因素？
3. 什么是渠化交通？渠化交通对提高道路通行能力有哪些优点？
4. 简述交通信号控制的概念以及交通信号控制分类。
5. 某平面交叉口类型如图 2-28 所示，A、B、C 三条路段都设有中间分隔带，A 方向为双向六车道，B、C 方向为双向四车道，D 为双向两车道。由于交叉口处的交通量较大，为了改善 C 往 B 的右转行驶状况，压缩交叉口面积，解决行人通过路口的交通安全问题。请结合所学知识拟定该交叉口处的渠化交通方案。

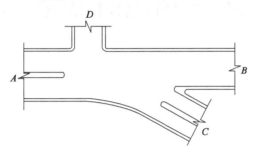

图 2-28　某平面交叉口

第三章
平面交叉的规划设计/
Plane Cross Planning & Design

第一节 平面交叉规划及设计程序/
Plane Cross Planning & Its Design Process

一、交叉的形式及交叉的间距/Forms & Space of Crossing

(一)交叉口形式

交叉口的形式取决于交叉口相交道路的条数及相交角度。

1. 交叉口相交道路的条数

由第一章分析可知,平面交叉处交通流线之间产生的交通干扰点——冲突点、分流点、合流点均随相交道路条数的增加而急剧增加。车辆通过这些干扰点时,驾驶员需全神贯注并需有高度准确的判断。当这些点过多时,会使驾驶员思想涣散、判断能力变差,从而使车辆通过交叉时的安全度下降,发生交通事故的可能性也随之增加。5条以上道路相交的平面交叉口,不仅其通行能力会因各向交通流线的相互严重干扰而大大降低,而且在交通管理和控制上也带来很大困难。因此,交叉口的相交道路条数原则上应控制在 4 条或以下。当多条道路交于一处时,应将次要道路在进入交叉前引离主交叉,从而避免 5 条以上道路交叉的出现(图 3-1)。

3 条道路相交的交叉(如 T 形、Y 形交叉),其通行能力不如十字交叉,不宜用作主要交通干道,一般多用于主要道路和次要道路(图 3-2)。如因路网结构要求或因地形、地物条件限制而采用时,也应尽可能把标准高的道路布置在顺直方向。

 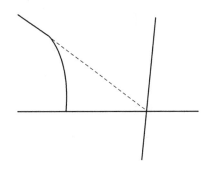

图 3-1　某城市六路相交路口　　　图 3-2　将次要道路改线成为十字交叉

2. 相交道路的交叉角度

当相交道路交叉角度呈锐角时,会使交叉口的面积增大、视距条件变差、交通流线冲突点分散,不利于安全。此外,由于交叉口面积加大,还会使交通信号控制中的损失时间增加,导致交叉口通行能力降低。这时如为保证某一水平的通行能力,虽可采用增加周期长度的方法,但同时会增加通过交叉的延误时间。因此,在规划设计交叉时,原则上应尽可能将道路交叉角度控制在 90°左右。当遇两条道路斜交时,可在进入交叉前改变其中一条道路的平面线形,使其成为直角相交[图 3-3a)],当不可能时,也可改线形使之成为两个 T 形交叉[图 3-3b)],但此时应注意使两个交叉间有足够的距离,而不构成错位交叉。

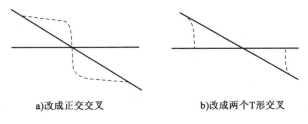

a)改成正交交叉　　　　b)改成两个T形交叉

图 3-3　斜交交叉的改善

3. 交叉形式

在确定交叉处相交道路条数和交叉角度后,交叉口的形式也基本确定。基本的道路交叉形式为十字形和 T 字形(图 3-4),选用交叉形式,应尽可能使车辆能顺畅通过,故斜交应尽量改为正交,多路交叉应通过环岛、封路及调整交通等方法给予改造,因错位交叉(图 3-5)对交通安全和通行能力都不利,应避免采用错位交叉和折角式交叉,尽量将其改成十字交叉,或者把错位的距离拉大,从而形成相距较远的两个独立T形交叉(图3-5)。如错位的夹角θ_1和θ_2均在30°以下时,由于其行车条件基本接近十字交叉,交通管制也不太困难,仍可保留使用。设有中央分隔带道路上的错位交叉(图3-6),如错位的道路不可直通,且路口只有右转交通,对此可看作两个无关联的T形交叉而无须改造。

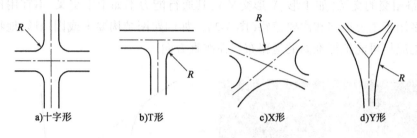

a)十字形　　b)T形　　c)X形　　d)Y形

图 3-4　常见道路交叉形式

折角式交叉(图3-7)从交通安全和通行能力考虑也应避免。但如夹角θ小于30°时,行车条件近似十字交叉,仍可保留使用。

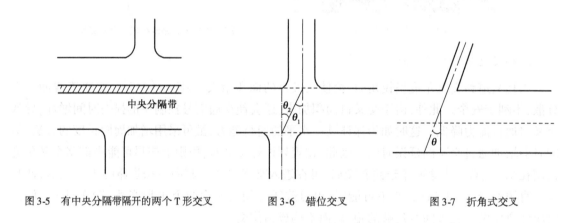

图 3-5　有中央分隔带隔开的两个T形交叉　　图 3-6　错位交叉　　图 3-7　折角式交叉

(二)交叉口间距

从提高车辆通行条件观点出发,道路上交叉的数量越少越好,且其间隔越大越有利。但从道路网结构的要求来说,交叉口的间距又不宜太大,应具有一定的密度。交叉口的最小间距,应考虑以下交通要求:

(1)在交叉口之间如存在交织和超车时,应保证具有足够的安全交织和超车距离。

(2)应保证车辆通过交叉时不受前面交叉处等待通过的最大停候车列的干扰。

(3)在车速较高的道路上,为确保安全,交叉口的间距还应使驾驶员在专心通过交叉时,不需分心,同时观察前方交叉的交通状况。

为满足以上交通要求,一般情况下,交叉口间距不应小于表3-1所列数值。

当必须使用小于表3-1的间隔距离时,应充分分析上述交通要求后决定。如交叉间距无法满足上述交通要求时,应将交叉间的道路组织为单向交通或在交叉内禁止左转,以此排除交通干扰,保证车辆通过交叉的安全条件。

最小交叉间距 表3-1

交叉口性质	公路	城市道路	备注
无信号交叉口之间	$3v$	$1.5v$	禁止左转时
无信号交叉口之间	$3vn$	$1.5vn$	—
有信号交叉口之间	—	$3v$	—
有信号交叉口与无信号交叉口之间	—	$1.5vn$	—

注：v-计算速率(km/h)；n-单方向车道数量(不包括附加车道)。

二、设计交通量/Traffic Volume Design

在交叉设计中，设计交通量原则上应与相交道路设计交通量一致，但由于道路建成初期相交道路的交通量甚小，解决交叉交通的重点应是以交通管制手段的改善为主，因此更应关心当前的交通需求。所以应以现状交通为依据。考虑不应经常改造交叉口的几何条件，一般认为以道路开通后5年的交通量作为设计交通量较为合适，而不以相交道路设计年限交通量作为交叉口设计交通量。这是因为当相交道路交通量相当大或接近饱和时，一般形式的平面交叉已无法适应，这时需做特殊处理或修立体交叉。另外，道路交通量在不同地区、不同路段及不同方向上都不相同，且随时间变化的规律也不一致，因此决定交叉口设计交通量时应分路段、分方向决定。但多数情况下，采用平均日的高峰小时交通量作为设计交通量，并可根据实测的转弯车辆比率决定各向交通量。对缺乏观测资料和新辟交叉口，可参照条件相似的交叉口数值决定。

在决定设计交通量时，还应考虑其他影响通行能力的诸因素，如车辆种类、自行车及行人交通等。

三、平面交叉口的通行能力/Traffic Capacity of Plane Crossing

平面交叉设计，必须使其通行能力满足设计交通量的要求。这不仅要求有必要的道路几何构造条件，还要有适当的交通管制设施及交通管制手段。不同的交通管制方式下，交叉口的通行能力不一样，其计算方法也不同。

(一)有交通信号控制的交叉口通行能力

平面交叉在一定的几何构造条件下具有一定的通行能力，且这一通行能力必须在一定交通管制条件下，排除各种干扰方可达到。最大通行能力一般是对应未来交通需要的，没有必要在交通量还较小时即满足这一要求，因此交叉口的交通需求与交通保证之关系为一逐步适应过程。在交通量接近最大通行能力前，路面交通达到一定饱和程度之后，即可通过实施和改善交通管制措施提高交叉的通行能力，缓解交通拥挤程度，以满足一定服务水平的交通需要。对于信号控制交叉口也应是在一定的控制方式及控制参数条件下检验其满足交通需求的程度。

第二章介绍的交通信号控制参数的饱和度计算方法，即为根据交通需求给予足够通行能力的交通信号控制参数的一种适应方法。当用这一方法无法得出合理结果时，表明交叉口已达饱和必须进行交叉口的改造。此种方法，理论推导较严密，在一些国家广泛使用。但此方法中所需各种数据很难获取。因此，在这里介绍一种概念直观，且计算简单的方法——停车线断面法。

停车线断面法是在已知交叉口处的车道使用规定(信号显示方式及周期长与配时),以交叉口入口处停车线为基准断面,并认为凡通过交叉口入口处停车线断面的车辆即已通过了交叉的条件下,计算出通过停车线断面的车辆最大数量,以此作为该入口通行能力。现介绍具体计算方法。

1. 一条右转车道的通行能力

$$N_{右} = \frac{3600}{t_{右}} \quad (辆/h) \tag{3-1}$$

式中:$t_{右}$——连续通过交叉口停车线断面的右转车辆平均车头时距(s)。

汽车通过停车线的平均车头时距 $t_0 = 2.5 \sim 3.0$s,当无行人过街干扰时,右转车道的通行能力可为 1200~1440 辆/h。但当有行人过街干扰时,这一能力将大大降低。在一般过街人流的情况下,通过能力为 500~600 辆/h;当过街人流很多时,右转车道通行能力将降至 320 辆/h。

上述计算式是在信号任何显示均允许车辆右转的条件下得出的。

2. 一条左转车道的通行能力

(1) 有左转专用信号显示时

当进入交叉的左转车辆多时,为保证交叉口具有较大的通行能力,需设左转专用显示,此时一条车道的通行能力为:

$$N_{左} = \frac{3600}{T} \times \frac{t_{左} - \frac{v_{左}}{2a}}{t_0} \quad (辆/h) \tag{3-2}$$

式中:T——信号周期长(s);

$t_{左}$——一个信号周期内左转显示的时间长(s);

$v_{左}$——左转车辆通过交叉口处行车速度(m/s);

a——车辆起动时的平均加速度(m/s²);

t_0——直行或左转车辆连续通过交叉口时的平均车头时距(s),可取 $t_0 = 2.5$s。

(2) 无左转专用信号显示时

当有左转专用车道而无左转显示时,驶入左转车道的车辆,仅可利用绿灯时间内,当对向直行车流中出现的可穿越空当时实现左转。根据实测知,可穿越时距约为 6.0s。假设平均每两个直行车位的空当可供一辆左转车辆通过,故一辆左转车辆可换算为两辆直行车,以此检验直行车道的通行能力。而不再计算左转车道通行能力,此时左转车道,仅为了停候左转车辆和改善直行车道通过条件而设置。

3. 一条直行车道的通行能力

$$N_{直} = \frac{3600}{T} \times \frac{t_{绿} - \frac{v_{左}}{2a}}{t_0} \quad (辆/h) \tag{3-3}$$

式中:$t_{绿}$——一个信号周期内的绿灯时间(s);

其他符号意义同前。

交叉口一个入口处的通行能力为各向车道通行能力之和,而交叉口总通行能力为各入口通行能力之和。但在实际交通中很难保证各入口处同时达到饱和,因此在某一入口处交通饱和时,即应调整信号控制参数,以提高交叉口总体通行能力,使用停车线断面法计算有信号控制交叉口通行能力,方法简单,但是计算时需先假定信号周期及配时,这需要设计人员有交通管制经验。一般情况下,周期长可根据交通量多少,在45~120s之间选择。交通量大时,周期长些;反之,则可小些。当周期长未达上限,计算通行能力已不能适应交通需求时,可延长周期长后再进行计算;当交通量非常大时,也可选用大于120s的周期长,但不可大于180s,以避免车辆在交叉口处停车时等时过长。周期中各向绿时可按各向交通量比例分配。

(二)非交通信号控制的交叉口通行能力

非交通信号控制的交叉口,是指主要道路与某些次要道路相交处,因次要道路交通量不大,如设置交通信号控制,反而影响主要方向道路交通的连续性和通行能力,因而不采用交通信号控制的方式。根据主要道路优先通行的交通规则,可在次要道路的入口处前设置"停"车交通标志以控制交通,指令次要道路的车辆必须减速、缓行、停候,确认有空当时方可通过交叉。因此,在计算通行能力时,应该在保证主要道路通过一定交通量的条件下,检查次要道路的交叉通行能力,这一数值可通过计算主要道路交通流间产生允许次要道路车辆通过的最大间隔数量确定。

当车辆随机到达交叉时,次要道路通过主要道路交通流的最大车辆数,可用式(3-4)计算。

$$M = \frac{Q e^{-\lambda t}}{1 - e^{-\lambda t'}} \tag{3-4}$$

式中:Q——主要道路往返合计交通量(辆/h);
  λ——主要道路交通流率(辆/s),$\lambda = Q/3600$;
  M——在 Q 条件下次要道路单方向可通过交叉的车辆数(辆/h);
  t——可供次要道路车辆通过交叉的主交通流车头间距,选用一般技术驾驶员可通过的平均时间(s);
  t'——次要道路上车辆连续通过交叉时的车头间距(s),$t' \leqslant t$;
  e——自然对数的底数。

参考现有规范规定及工程实际工程经验值,在非交通信号控制的交叉口处,不妨碍主要道路交通的条件下,次要道路横穿的最大车辆数可按表3-2数值取用。

不妨碍主要道路交通时次要道路可通过车辆数(往返合计交通量,单位:辆/h)　　表3-2

主要道路为双向双车道	主要道路交通量	400	500	650
	次要道路交通量	250	200	100
主要道路为双向四车道	主要道路交通量	1000	1500	2000
	次要道路交通量	100	50	25

(三)行人及自行车交通的处理原则

在交叉口设计中,道路构造和交通管制的实施,都是以汽车交通为主要服务对象,而将行人和自行车作为道路交通干扰因素给予考虑。但在我国,由于行人和自行车交通的大量存在,在平面交叉设计中如何处理好行人和自行车交通问题,往往成为主要矛盾和主要难点。

行人和自行车交通,在道路区间,通过设置专用的人行道和非机动车道极易与汽车交通分离,从而排除其对汽车交通的干扰。但在交叉口处,大部分情况是车辆和过街行人混在一起,给交叉口处的交通处理带来极大困难,这往往是交叉口交通混乱和通行能力急剧下降的主要原因。为此,在平面交叉设计中应对其给予充分的考虑。

在交叉口设计中,对行人和自行车交通的处理,应遵守以下基本原则:

(1)在交通条件安排上,应优先考虑给行人以较好的通过条件。如路径要直捷,受其他交通干扰要小。

(2)自行车在进入交叉后如无分离条件,应与汽车交通一并考虑,行驶路径在汽车交通右侧。

(3)在有交通信号控制的交叉口,信号显示应充分考虑行人及自行车交通需要,应优先考虑解决行人与自行车对主交通流的干扰,黄灯时间安排应以保证行人安全通过交叉为控制条件,并要使汽车对行人交通威胁最小。

(4)在条件允许时,应对各类交通实行分离,各行其道,或以过街桥、地道解决行人和自行车交通问题。

四、交叉设计程序/Crossing Design Process

交叉设计是交叉处道路几何构造和交通管制方式的综合设计过程,一般应按以下程序框图进行设计(图 3-8)。

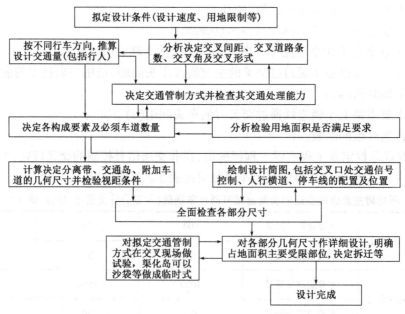

图 3-8 交叉设计程序图

第二节 平面交叉设计要素及原则/
Elements & Principles of Plane Crossing Design

一、计算行车速度/Driving Speed Calculating

平面交叉的各部几何尺寸的确定,如转弯车道、导流路、交通岛、缘石转弯半径、停车线等均取决于道路各部分的计算行车速度。交叉各部分的设计行车速度,原则上应与交叉连接路段的计算行车速度相同。但当条件困难时可适当降低。

1. 直行交通

公路上的交叉,直行交通的计算行车速度,原则上应与连接路段的计算行车速度相同。而城市中的交叉口,当设有交通信号控制时,直行车辆的通过速度一般按低于路段计算行车速度20km/h选用。对采用"停"车交通标志控制的交叉口,在次要道路的进口道上,应考虑车辆到达交叉前的速度变化,从停车线向外选用不同的计算行车速度。

2. 右转交通

通过交叉的右转车辆,一般不受交通信号和标志的限制,但考虑到交叉口处的用地较紧张,往往很难保证设置大半径曲线,再加上右转车辆要受到过街行人的影响,故计算行车速度应适当降低。一般从右转减速开始,选用低于路段计算行车速度20km/h的速度作为右转车道计算行车速度,而在路段计算行车速度较低的交叉口处,右转车道的计算行车速度可选用路段计算行车速度的0.7倍。

3. 左转交通

根据交通管制的方法不同,左转车辆在进入和通过交叉时,要减速缓行或停车待机,而驶离交叉时则又要加速,其计算行车速度,一般可以按连接路段计算行车速度的0.5~0.7倍选用,或按左转车辆通过交叉口时速度变化情况决定。

左转车辆通过交叉时的速度变化值可选用表3-3的数值。

加、减速度值 a 表3-3

道路类别		加速度(m/s²)	减速度(m/s²)
城市道路		1.5	3.0
公路	主要道路	1.0	2.5
	次要道路	1.5	3.0

加、减速行程距离可按式(3-5)计算:

$$L_a = \frac{v_2^2 - v_1^2}{26a} \tag{3-5}$$

式中:L_a——变速行程(m);
v_1、v_2——变速过程中的初速度、末速度(km/h);
a——加、减速度(m/s²)。

二、设计车辆和转弯通行方式/Vehicle & Its Turning Mode Design

交叉口转弯车道的半径及宽度除与车辆通过速度有关外,还与通过车辆的构造尺寸及车辆通过时在道路上占有车道的方式有关。通过车辆的构造尺寸可根据设计道路所选定的设计车辆类型确定。我国《公路工程技术标准》(JTG B01—2014)中规定的设计车辆分小客车、大型客车、铰接客车、载重汽车及铰接列车 5 种类型,其基本外廓尺寸规定见表3-4。

设计车辆外廓尺寸(单位:m)   表3-4

车辆类型	总长	总宽	总高	前悬	轴距	后悬
小客车	6	1.8	2	0.8	3.8	1.4
大型客车	13.7	2.55	4	2.6	6.5+1.5	3.1
铰接客车	18	2.5	4	1.7	5.8+6.7	3.8
载重汽车	12	2.5	4	1.5	6.5	4
铰接列车	18.1	2.55	4	1.5	3.3+11	2.3

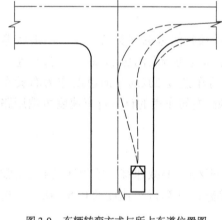

图 3-9 车辆转弯方式与所占车道位置图

转弯车辆在交叉口通行的方式,即在道路上占有车道的位置,也直接影响交叉口的几何尺寸。如设计不合理,会导致占地范围加大或使转弯车辆妨碍直行交通。为节约工程用地及费用,并确保交通安全和具有一定的通行能力,在设计交叉口时,除应确定设计车辆外,还应规定车辆在道路上转弯时的通行方式。

对于计算行车速度较高的道路,为排除转弯车辆对直行交通的干扰,应设计较大的交叉口,而对次要道路,则可根据实际交通情况降低设计标准。具体要求为:三级以上公路及城市一般道路,转弯车道仅为转弯车道本身;四级公路和城市街区道路,设计时可考虑转弯车辆在转弯时会占有整个道路(图3-9)。

三、车道数量及车道宽度/The Number & Width of Traffic Lanes

(一)车道数量

为满足平面交叉的车辆通行条件,交叉口各向连接道路的车道数量,应根据交通控制方式、交通量、车道通行能力以及交叉处用地条件等决定。但不允许少于道路区间的车道数量,而且应使主要道路方向进入交叉的车道数,与驶出交叉的车道数量尽量相同。不允许驶出方向的车道数少于进入交叉的直行车道数。

从渠化交通考虑,交叉口最好按车型和方向分别设置专用车道,以使左转、直行、右转的机动车和非机动车能在各自的专用车道上排列停候或行驶,避免相互干扰,以提高通行能力。但在交通量较小的道路上设置过多的车道是不经济的,可考虑车道混合行驶。根据行车道宽度和左转、直行、右转车辆的交通量大小可作出多种组合的车道划分(图3-10)。

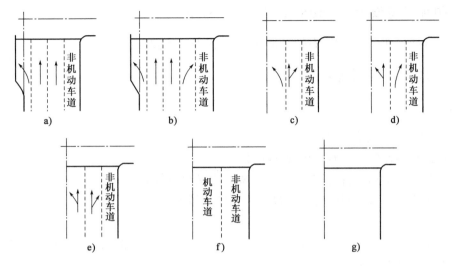

图 3-10 交叉口车道划分

(1) 左转、直行、右转方向车辆组成均匀,各设一专用车道。
(2) 直行车辆很多且左、右转也有一定数量时,设两条直行车道和左、右转各一条车道。
(3) 左转车辆多而右转车辆少时,设一条左转车道,直行和右转共用一条车道。
(4) 左转车辆少而右转车辆多时,设一条右转车道,直行和左转共用一条车道。
(5) 左、右转车辆都较少时,分别与直行车辆合用车道。
(6) 行车道宽度较窄,不设专用车道,只画快、慢车分道线。
(7) 行车道宽度很窄时,快、慢车道也不划分。

在确定交叉口的车道数和车道宽度时,必须考虑我国城市目前自行车交通量较大的实际情况,尽可能组织机动车和非机动车分流行驶,以保证交通安全。

为提高平面交叉口的通行能力,应尽量排除转弯车辆的干扰,在交叉口处有时要在原车道数的基础上增设转弯车道。转弯车道每向最多一条,左转车道设在入口道路的最左侧,右转车道设在入口道路的最右侧,如有条件可设计成单独转弯车道,这种形式也称导流路(图 3-11)。

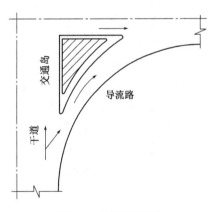

图 3-11 单独右转车道

(二)车道宽度

进入交叉口的车道宽度,如无困难,应与区间道路保持一致。如进入交叉口需增设附加车道时,为控制占地面积并确保车道数量,各车道的宽度可比道路区间稍窄,这时由于接近交叉口,车辆速度降低,故可保证通行条件。但最小宽度应为 3.0m,对专供小客车通过的交叉口,这一宽度可降至 2.75m。

四、附加车道设计/Additional Lane Design

交叉口附加车道,包括左、右转车道,变速车道及导流路。

(一)设置目的及设置条件

1. 左转车道

设置左转车道可达到以下目的:
(1)可减少与左转交通有关的交通事故;
(2)排除左转交通对直行交通的干扰,提高交叉口通行能力;
(3)为有交通信号控制的交叉口设置左转专用显示提供条件。

设置条件:
从以上设置目的看,任何平面交叉均应设置左转专用车道,但在以下条件下可不设。
(1)禁止左转的交叉口;
(2)道路交通量极少,通行能力有很大富余时;
(3)相交道路设计速度均在 60km/h 以下,且交通量不十分大时;
(4)无对向直行交通,且入口路车道数较区间多一条时。

2. 右转车道

设置目的:
(1)减少对直行交通的干扰,提高交叉口通行能力;
(2)改善右转车通过条件,尤其对锐转角右转车道;
(3)在有交通信号控制的交叉口,可确保右转车通过(当右转车不受交通信号控制时)。

设置条件:
右转车道也同左转车道一样,从改善平面交叉口的通行条件看,最好都设右转车道,但为减少用地和降低工程造价,只有在以下情况时才设置:
(1)右转方向为锐角,且角度小于 60°时;
(2)右转交通量突出,为主要交通方向时;
(3)右转车辆通过速度高;
(4)与右转交通穿插的行人交通量大时。

3. 变速车道

变速车道又可分为分流处的减速车道和合流处的加速车道。
设置目的:
(1)减少对直行交通的干扰,提高通行能力;
(2)防止因分流而在直行车道上减速造成的追尾事故;
(3)有利分流,且可减少合流时交通事故。

4. 导流路

当转弯交通速度高且交叉口用地不受限制时,可将转弯车道用渠化交通的方式构成单独道路,即为导流路(参见图 3-8)。

(二)附加车道设置方案

当道路单向车道在两条以上且转弯车辆较少时,可将其中一条辟为转弯车道,而将直行交通集中到剩余车道。也可通过压缩过宽车道以达增设转弯车道的目的,但这样布置有时会使直行车辆误入转弯车道而造成交通混乱,故有条件时最好另设附加车道。

具体设置方法:

右转车道,可沿拓宽路口方法取得设置条件(图3-12)。

左转车道可根据以下情况设置:

(1)有较宽中央分隔带时(一般不小于4.5m),压缩中央分隔带宽度,辟为左转车道(图3-13)。W为中央分隔带宽度缩减值。左转专用道开辟完成后,可保留中央分隔带剩余的面积,但如果剩余的部分宽度不足50cm且中央分隔带本身未被加高,可以仅设置路面标线。

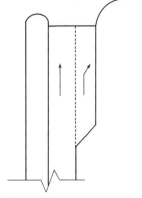

图3-12 拓宽路口增设右转车道

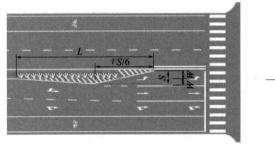
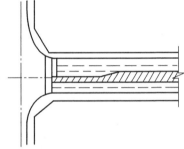

图3-13 较宽中央分隔带时增设左转车道

(2)有中央分隔带,但宽度不足时(小于4.5m),利用中央分隔带后宽度仍不够,可将道口单向或双向车道线向外侧偏移,增加不足部分宽度。向外侧偏移车道线后,在路幅总宽度不变的情况下,视具体条件可压缩人行道、两侧带或进口道车道宽度(图3-14)。W_1为车行道分界线偏移的距离,W_2为道路中心线偏移的距离。

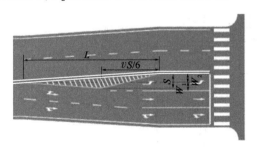
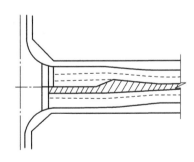

图3-14 窄型中央分隔带时增设左转车道

(3)无中央分隔带时,可通过两种途径增辟左转车道。一是向进口道的一侧或两侧扩宽,增加进口道路幅总宽度,在进口道中心线附近辟出左转车道;二是不扩宽进口道,占用靠近中心线的对向车道作为左转车道(图3-15)。W_1为车行道分界线偏移的距离,W_2为道路中心线偏移的距离。

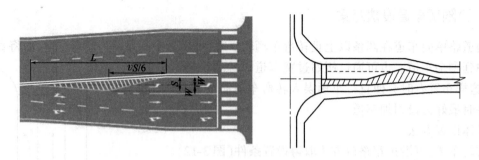

图 3-15　无中央分隔带增设左转车道

(三)附加车道长度

1. 右转车道长度

右转车道长度应能满足右转车辆减速行程要求,而在设有交通信号的交叉口上,为使右转车辆能从停候的直行尾车后面顺利进入右转车道,其长度还与红灯时直行车道的受阻车辆数有关。

右转车减速行程 l_m:

$$l_m = \frac{v_A^2 - v_R^2}{26a} \tag{3-6}$$

式中:v_A——路段平均速度,对公路可用路段设计速度,对城市道路则用交叉口计算行车速度;

v_R——减速后车速,公路可用右转曲线半径允许速度,城市道路取 0。

在修筑时,右转车道的长度由渐变段和直线段组成(图 3-16)。

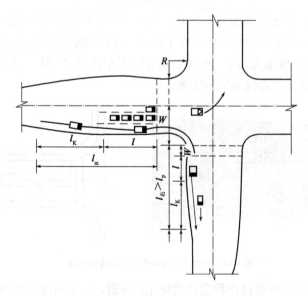

图 3-16　交叉口拓宽的计算图式

渐变段的长度 l_K 可按以速度 v_A 行驶的车辆每秒横移 1.0m 来计算。即:

$$l_K = \frac{v_A}{3.6}B \qquad (3-7)$$

式中：l_K——渐变段长度(m)；
B——右转车道宽度(m)。
则右转车道中的直线段长度为：

$$l = l_m - l_K \qquad (3-8)$$

考虑红灯直行车辆受阻时，右转车道长度 $l_右$ 为：

$$l_右 = l_K + nl_n + W \qquad (3-9)$$

式中：n——一次红灯受阻的直行车辆数，计算公式为：

$$n = \frac{每条直行车道通行能力 \times (1 - 右转车辆比率)}{每小时周期数/该向红灯占周期长的比例}$$

l_n——每辆车在车道上停候时所占长度，一般用设计车辆的车身总长加 3.0(m)；
W——人行横道宽度(m)。
右转车道长度取以上两项计算值中的较大值。

为使右转车辆加速后，再与横向直行车辆合流，因此，在需合流的一侧，还应设置加速车道。这一车道可在右转车道的延续一侧加宽到驶出路口。其长度应能满足车辆加速要求(参见图3-15)，可用式(3-6)计算，但 v_A 可取横向车道车速的 0.85 倍。加速路段同样由渐变段和直线段组成。

2. 左转车道长度

为使最后一辆左转车辆可在左转停车车列后端安全停车，左转车道长度应为停车车列长度与车辆减速所需长度之和。停车车列长度只与停车车列中车辆数及车身长度有关。

停车车列中的车辆数，当交叉口无交通信号控制时，可用每分钟平均到达的左转车辆数。考虑到车辆到达的随机性，可按一个信号周期平均到达左转车辆的两倍取用，也可用下式计算。

$$n = \frac{一条车道的通行能力 \times 车道数 \times 左转车辆比例}{每小时的周期数}$$

式中：n——左转停候车辆数(辆/周期)。
减速道长度可用式(3-6)计算。
当减速道长度比渐变段长度短时，应用渐变段长度作为减速道长度。其长度用式(3-7)计算。
左转车道长度也可参考表3-5所列数值选用。

左转车道长度 表3-5

道路类别		设计速度(km/h)	减速车道长度(m)	停候车列长度(m)	减速车道总长度(m)
公路	主要道路	80	60	20	80
		60	40	20	60
	次要道路	60	30	20	50
		80	15	20	35

续上表

道路类别	设计速度（km/h）	减速车道长度（m）	停候车列长度（m）	减速车道总长度（m）
城市道路	60	30	20	50
	40	15	20	35

（四）导流路设计

1. 曲线半径

在公路与城市郊区道路上，如用地不紧张，应按路段计算速度计算曲线半径，而在市区内则按交叉口计算速度计算。

曲线半径 R 的计算公式为：

$$R = \frac{v^2}{127(\mu + i_y)} \quad (\text{m}) \tag{3-10}$$

式中：v——选用计算行车速度（km/h）；

μ——横向力系数，取 0.15；

i_y——导流路超高横坡度。

2. 车道宽度

导流路车道宽度不应小于 3.5m，但也不可过宽。过宽会导致小型车辆通过时超车，这对交通安全十分不利。当曲线半径较小时，应根据半径将车道加宽。

3. 车道外富余宽度

导流路两侧应有不小于 0.5m 的路肩，以保证良好的通行条件及视线诱导条件。当用交通岛围筑导流路时，应在岛与车道间设侧带，侧带宽度见表 3-9。

4. 缓和曲线

导流路上的曲线半径如小于不设超高最小半径时，应在直线与曲线之间插入段缓和曲线，该缓和曲线采用辐射螺旋线。

五、进入交叉的视认距离及交叉口内的视距保证/Visual Distance from Crossing & Viewing Distance to Ensure in Crossing

（一）视认距离

为保证驶入交叉口车辆能安全顺利通过，必须使驾驶员在交叉口前一定距离就能确认交叉口的存在，并能看清交叉口处的交通信号和交通标志。这一距离称为交叉口前的视认距离。不同交通管制条件下所需的视认距离不同。

1. 有交通信号控制的交叉口

在有交通信号控制的交叉口处，视认距离为保证车辆在正常行驶条件下，驾驶员能看清交通信号和显示内容，并能从容地将车辆制动停车所需的距离。这一距离 l_s（m）可用式（3-11）计算。

$$l_s = \frac{v}{3.6}t + \frac{v^2}{26a} \tag{3-11}$$

式中:l_s——交叉口前的视认距离(m);
   v——路段的计算行车速度(km/h);
   a——车辆减速度(m/s²),近似取 $a=0.2g=0.2\times 9.81\approx 2\text{m/s}^2$;
   t——视认时间(s)。

式中的视认时间 t 包括驾驶员确认交通信号的显示后,决定是否制动的反应时间及制动生效时间。在公路设计中这一时间可取10s,而在城市道路设计中,由于交叉口数量多,驾驶员对交通信号的存在有足够的思想准备,因此反应判断需时极短,可取6s。

2. 无交通信号控制的交叉口

无交通信号控制的交叉口,有设置"停"车标志控制和无任何控制两种。

对于前者,由于主次道路关系明确,而且对标志的视认比对信号容易得多,故视认时间可取2s,视认距离仍用式(3-11)计算。无任何交通控制的交叉口,一般都是交通量小、车辆通过速度低,且不大重要的交叉口,对这种交叉口只需满足视距条件,保证通过安全即可。根据以上要求可得交叉口处的视认距离,如表3-6所列。

交叉口处的视认距离 表3-6

计算行车速度(km/h)	交叉的最小视认距离(m)			
	计算值		采用值	
	公路	城市道路	公路	城市道路
信号交叉				
20	64	42	60	40
30	102	68	100	70
40	143	99	140	100
60	237	171	240	170
80	348		350	
"停"车标志交叉				
20	19		20	
30	35		35	
40	54		55	
60	104		105	

在交叉口的视认距离范围内,如有障碍,应予清除。

(二)交叉口的视距保证

在无交通信号控制的平面交叉口内,为确保行车安全,当遇相交方向来车时,应保证双方能有足够距离采取制动措施而在冲突点前安全停车,这就要求车辆在到达冲突点前有一个停车视距,看清相交方向另一个停车视距范围内的来车情况。它所需无视线障碍的三角区称为交叉口视距三角形。绘制视距三角形时应以最不利条件控制。在如图3-17所示的条件下,应是最靠右侧直行车道的轴线与相交道路最靠中心线车道轴线所构成的三角形。

当主、次道路相交,次要道路进入交叉口处设有"停"车标志时,视距三角形应按以下要求及步骤绘制(图3-18):次要道路上的汽车 B 在进入交叉口之前,需先停车确认安全后再进入。

B 车从进入交叉口到穿过干道到达 B' 时,应保证 A 车不超过 A',由此可求 A 车视距的起始位置。以 AB 和 A 车、B 车行车的路线所包围的三角形,即为此种情况的视距三角形。图 3-18 中的主要尺寸可用式(3-12)、式(3-13)计算。

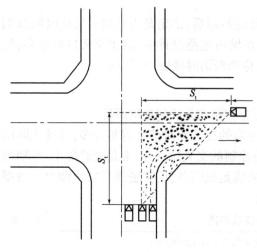

图 3-17 交叉口视距三角形

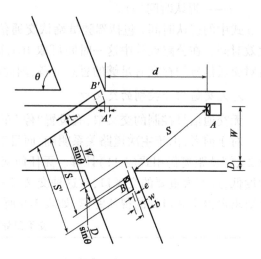

图 3-18 设有"停"车标志的视距三角形计算图式
w-B 车车身宽度(m);b-次要道路路边到 B 车的距离(m);e-B 车右边侧到驾驶员眼睛的距离(m)

视距三角形一边:
$$S = (W + D)\csc\theta + l \tag{3-12}$$

另一边:
$$d = \frac{v}{3.6}(T + t) \tag{3-13}$$

式中:v——主要道路的计算行车速度(km/h);

T——B 车驾驶员的反应时间(s),可采用 2s;

t——汽车通过距离 S' 所需时间(s),它为 B 车起动加速行程所需时间,如已知汽车加速度即可求得;

d——A 车不与 B 车相撞需远离 B' 的距离(不小于停车视距)(m);

W——主要道路的行车道宽度(m);

D——主要道路行车道边到次要道路停车线的间距(m);

S'——B 车的行驶距离(m),$S' = S + L - l$;

L——B 车车身长度(m);

l——B 车前端到驾驶员眼睛的距离(m);

θ——相交道路的夹角(°)。

六、缘石平面布设形式及其转弯半径/Plane Layout Form of Curb & Its Turning Radius

对于有路缘石的道路,如城市道路的平面交叉口处,并不将相交道路的缘石延长直接相交,而是用曲线形式连接。常用的曲线形式有单一圆曲线、三心复曲线、插入缓和曲线的圆曲线。

（一）单一圆曲线

在相交道路的路缘石线交角内插入一段圆曲线型路缘石(图 3-19),该曲线半径 R_1 为：

$$R_1 = R - \left(\frac{b}{2} + w\right) \tag{3-14}$$

式中：b——机动车道宽度(m),一般为 3.5m；

w——非机动车道宽度(m)；

R——右转车道中心线半径(m),计算公式见式(3-15)。

$$R = \frac{v^2}{127(\mu \pm i)} \tag{3-15}$$

式中：v——交叉口右转车道的计算行车速度(km/h)；

μ——横向力系数；

i——路面横坡度(%),向圆心倾斜时取正；反之,取负。

当右转车道需加宽时,加宽值 e 为：

$$e = \frac{L^2}{2R} \tag{3-16}$$

式中：L——车辆构造长度,从车前端至后轮轴距离(m)。

车道加宽后的路缘石曲线半径 R_2 可用以下近似公式求得(图 3-20)：

$$\overline{OD} = R_2 - R_1, \overline{AB} = e;$$

$$\overline{OC} = \overline{OD}\sec\alpha = (R_2 - R_1)\sec\alpha;$$

$$R_2 = \overline{OC} + \overline{CA} = \overline{OC} + (\overline{CB} - \overline{AB})$$

$$= (R_2 - R_1)\sec\alpha + (R_1 - e)$$

$$R_2 = R_1 + \frac{e}{\sec\alpha - 1} \tag{3-17}$$

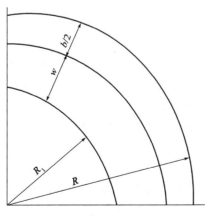

图 3-19　单一圆曲线型路缘石

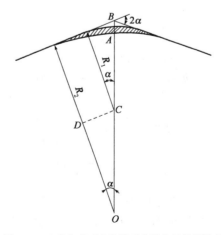

图 3-20　车道加宽后的路缘石曲线半径计算图式

如交叉口为十字交叉时，$\alpha = 45°$，则：

$$R_2 = R_1 + \frac{e}{\sec 45° - 1} = R_1 + 2.42e$$

$$= R - \left(\frac{b}{2} + w\right) + 2.42e \tag{3-18}$$

如无非机动车道时，则：

$$R_2 = R - \frac{b}{2} + 2.42e \tag{3-19}$$

(二) 三心复曲线

为减少用地并为能适应右转车辆加、减速需要，有时将转弯处的路缘石做成三心复曲线（图3-21）。

三心复曲线的三个半径之比应为：

$$R_q : R_o : R_h = 2.5 : 1.5 : 5 \tag{3-20}$$

与上述半径相对应的三段圆弧所对的圆心角之比为：

$$\alpha : \beta : \delta = 1.5 : 5 : 1 \tag{3-21}$$

图3-20中：

$$\gamma = \alpha + \beta + \delta \tag{3-22}$$

为设置上述条件的三心复曲线，它的两侧切线长 T_q 和 T_h 可用下列公式计算：

$$T_q = (R_q - R_o)\sin\alpha + \frac{R_h - (R_h - R_o)\cos\delta}{\sin\gamma} -$$

$$\frac{R_q - (R_q - R_o)\cos\alpha}{\tan\gamma} \tag{3-23}$$

$$T_h = (R_h - R_o)\sin\delta + \frac{R_q - (R_q - R_o)\cos\alpha}{\sin\gamma} -$$

$$\frac{R_h - (R_h - R_o)\cos\alpha}{\tan\gamma} \tag{3-24}$$

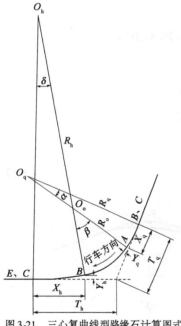

图3-21 三心复曲线型路缘石计算图式

施工时，如各曲线半径不太大，且现场开阔能找到各个圆心直接在现场画出圆弧时，可根据计算出的切线长定出曲线起、终点，然后求出圆心位置。当现场条件不允许这样做时，可使用偏角法或切线支距法敷设曲线。

(三) 插入缓和曲线的圆曲线

当右转车辆要求较高行驶条件，但又不可能将右转车道的转弯半径做得很大时，可将路缘石做成圆曲线两端插入缓和曲线的形式，其计算与测设方法可参考路线设计书籍有关部分，图3-22为一设置实例。

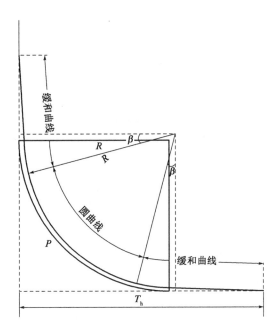

图 3-22 设有缓和曲线的路缘石

当相交道路无路缘石时,在交叉口处为满足右转车辆的行驶要求,也应参照上述原则将转角处的道路边缘作成曲线型。

七、交通岛与分隔带/Traffic Island & Separated Zone

(一)交通岛

在平面交叉口内设置交通岛是达到渠化交通目的主要手段。通过交通岛可在交叉口内指示和引导车辆行进,其主要作用为:
(1)指导交通方向,指示交通路径,从而减少交通干扰点,使车辆通过交叉口时秩序井然。
(2)可作为行人过街的安全岛,提高行人过街通行能力,并减少其对行车的干扰。
(3)为设置交通信号、交通标志、照明杆柱等提供场地。
(4)多数情况下,可使停车线位置提前,从而减少车辆通过交叉口的时间。

交通岛是在路上用缘石围筑而成。其形状为直线连接圆弧而构成的各种图形。缘石高度,从防止车辆侵入及醒目而言,宜高些好,但其高度不应妨碍小客车开启车门,且交通岛兼作行人过街安全岛时不应给行人带来不便。交通岛高度一般为 15～25cm,当有行人通过时,宜降至 12～15cm。

交通岛的具体形状及尺寸应根据岛的不同使用性质确定,平面环形交叉是利用交通岛渠化交通的一种特例,其设计请看第四章,而对一般导流用交通岛,可参看图 3-23 的形式布置。

图 3-23 中各部尺寸的最小值可按表 3-7 所示尺寸取用。在一般情况下应取较表中大的尺寸,交通岛总面积以大于 $10m^2$ 为宜。

交通岛各顶端处应做成圆弧状,其半径不可小于 0.5m,特殊困难时也不应小于 0.3m。为确保车辆通过条件,在修筑交通岛处的车道外侧与交通岛之间还应保留一定宽度的侧带,各部尺寸见表 3-8、表 3-9。

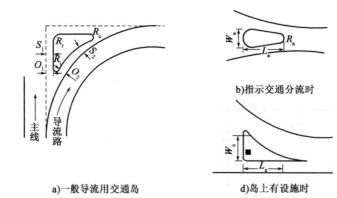

a)一般导流用交通岛　　b)指示交通分流时　　c)兼作安全岛时
d)岛上有设施时　　e)无渐变段的分车带

图 3-23　导流用交通岛

导流用交通岛各部尺寸　　表 3-7

类别	尺寸名称(单位)	尺寸	
		市区道路	公路及城市郊区道路
指示交通分流时	W_a(m)	1.0	1.5
	L_a(m)	3.0	5.0
	R_a(m)	0.3	0.5
兼做安全岛时	W_b(m)	1.5	2.0
	L_b(m)	4.0	5.0
	R_b(m)	0.5	0.5
	交通岛面积(m²)	5.0	7.0
岛上有设施时	W_c(m)	D+1.0	D+1.5
	L_e(m)	5.0	5.0
无渐变段的分车带	W_d(m)	1.0	1.5

导流岛端部尺寸　　表 3-8

R_i(m)	R_o(m)	R_r(m)
0.50~1.00	0.55	0.50~1.00

侧带尺寸(单位:m)　　表 3-9

侧带	计算行车速度		
	80km/h	60km/h	50~40km/h
S_1、S_2	1.0	0.75	0.5
O_1	1.5	1.00	0.5
O_2	1.0	0.75	0.5

当交通岛的设置是以分流为目的时,为诱导视线,应在岛端加绘醒目的路面标线,标线绘制范围及形状如图 3-24 所示。

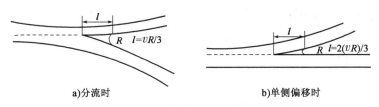

a) 分流时　　　　　　　b) 单侧偏移时

图 3-24　交通岛顶端的路面标线

(二)分隔带

为分隔往返交通,限制车辆左转,有时在交叉入口处及交叉内设置分隔带。其作用为:

(1) 为行人提供过街安全岛。宽度大的分隔带还可为车辆横穿提供安全带,从而保证车辆通过安全,并为其提供较多的穿越机会。

(2) 对多车道的道路,可避免车辆进入交叉前误入对向车道。

(3) 为在交叉入口处设置转弯车道提供可用空间。

(4) 可有效防止左转。

分隔带实为交通岛的一种,只是主要以分隔对向交通为目的。其构筑方式及要求与交通岛相同。常用分隔带形式如图 3-25 所示。

图 3-25　常用分隔带形式

八、人行道及过街横道

平面交叉处的行人交通,往往是交叉口车辆通过的主要障碍和干扰因素,在平面交叉处处理好行人交通,为其提供安全方便的通过条件,对保证交叉口的交通安全和提高交叉口的通行能力具有特殊意义。

(一)人行道

交叉口附近的人行道,除须保证行人通过外,还应为过街行人提供等待场所,故应保证其有一定宽度。原则上此处人行道不窄于道路区间的人行道宽度。但当交叉口处设置附加车道时,会不得已压缩人行道,此时应根据行人交通量决定其最小宽度。

对拟设置行人过街天桥或地道的交叉处,人行道的宽度还应考虑天桥楼梯及地道出入口的设置要求。

在交叉口附近的人行道上,除必要的道路标志、交通信号、照明设施及栅栏外,不允许布置其他设施,以保证人行道的有效宽度。

(二)人行横道

为使行人到达交叉口后能有秩序地通过交叉口,应在交叉口的各出入口处设置人行横道,供行人横过交叉口用,以确保行人和车辆的通过条件。由于行人交通事故多发生在交叉口附近,处理好交叉口处的行人过街问题,对交通安全也是至关紧要的。

1. 人行横道的位置

(1) 一般交叉

当相交道路交叉角是直角且缘石转弯半径不大时,可按图 3-26 的方式设置人行横道。人行横道距交叉口距离要适当,如太远,会增加交通信号的黄灯时间,因而增加周期中的损失时间,降低交叉口交通处理能力,同时使行人过街绕远。人行横道距交叉过远,还会使转弯车辆到达横道线时,速度加快,这对交通安全也十分不利。

人行横道距交叉口如过近,又会使右转车辆确认行人困难。当车辆等待行人时,会妨碍后续直行车辆的通过,从而降低交叉口的通行能力。因此,建议人行横道的前边线距横向道路边线延长线应有 4~5m 的间距(图 3-26)。这一长度刚好可停放一辆车,当车辆在此停止时,不致干扰人行横道行人通过。

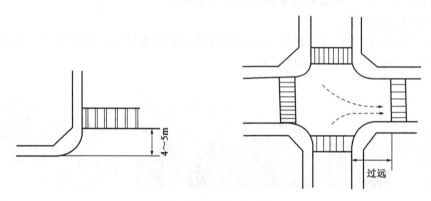

图 3-26 交叉口人行横道的布置

(2) 缘石转弯半径大时

这时如将人行横道避开圆弧段,会使人行横道距交叉口太远,故需将其完全设在圆弧部分(图 3-27)。

(3) 人行横道的设置方向

人行横道的设置方向,原则上应垂直于道路,使行人过街距离最短,并可缩短交通信号控制中对行人的配时。但如道路斜向交叉时(图 3-28),人行横道的布置应考虑以下因素:

①应方便行人,并考虑行人的过街习惯。在斜向交叉中设置垂直道路方向的人行横道时,虽可缩短行人过街距离,但却增加了行人绕行距离,一些行人会由于不愿绕行而无视人行横道,这不利于行车安全,故此时应考虑这一因素决定人行横道的位置和方向。

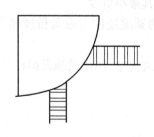
图 3-27 人行横道设在路缘石圆弧内

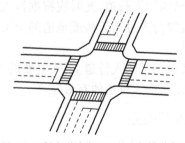
图 3-28 斜交道路交叉口的人行横道布置

②应尽量减小交叉口面积。在斜向交叉口设置垂直人行横道会加大交叉口面积,其结果会增加交通信号控制中的损失时间,并分散驾驶员注意力。这对保证通行能力和交通安全都不利,故多数情况下,人行横道应平行于相交道路设置。

2. 人行横道的宽度

人行横道的宽度与行人过街交通量和行人交通信号配时长度有关,因此,应根据交叉口的具体情况而定。

一般情况下,人行横道的宽度可采用 4.0m。在繁华街道上、行人过街交通量很大时,应适当加宽,但不宜超过 8.0m。当人行横道两端的人行道很窄时,人行横道的宽度不应比人行道宽。另外,狭窄道路的人行横道应适当变窄,此时可将其缩减至 2.0m。

3. 人行横道的长度

人行横道越长,所需交通信号中保证行人通过的配时也越长,而且行人在过长的人行横道通过时,会神情紧张、判断困难,不利于交通安全。因此,不希望人行横道过长,一般应控制在 15.0m 以下。当街道宽度大于 15.0m 时,可在往返车道的中央设置行人过街安全岛,使一次过街长度不超过限度。

4. 人行横道的设置

交叉口处是车辆和行人纵横交织之处,每一道路方向都应尽量设置人行横道,以方便行人横过道路。但又由于人行横道是车辆与行人的交通穿插处,因而人行横道也成为交通安全最差的部位。所以在不使行人过分绕行时,可适当减少人行道设置,尤其是与快速车辆通过路径相交的人行横道更应力求避免。

(1) T 形交叉口(图 3-29)

根据行人过街的交通量大小,可考虑将 A 或 B 处人行横道取消。特别是 A 处人行横道。一般情况下,C 向左转交通量大时,由于 C 向左转车辆到达 A 处时车速已较高,故当 A、B 距离不大时,应将其取消,仅保留 B。

(2) Y 形交叉口(图 3-30)

为方便行人过街,各条道路上均应设置人行横道[图 3-30a)]。但实行渠化交通后[图 3-30b)],由于车辆通过交叉口时车速会提高,尤其是直行与接近直行的转弯车辆车速会更高,而且此时交叉口面积变小,故可将人行道取消。

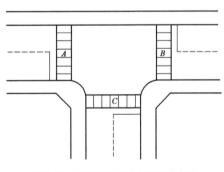

图 3-29 T形交叉口的人行横道布置

(3) 高架路下交叉口的人行横道设置(图 3-31)

高架道路修建后,桥下仍留有大量的平面交叉。在这种情况下,人行横道的设置应充分考虑桥墩对行人及车辆视距的妨碍。为此,修建高架路时,应合理配置桥墩,人行横道的设置也应考虑这一因素。图 3-31 即为这一情况下的布设实例,如将人行横道在靠近交叉口处贯穿设置,将无法满足行人及车辆视距,为此可作成错位形式。

5. 停车线的布设(图 3-32)

有交通信号控制的交叉口或设置"停"车标志的路口都应在路面上标绘停车线,指明车辆进入交叉口前的停车位置。停车线位置,在无人行横道的交叉口处,应在不影响横向车辆通过的条件下尽量靠近交叉口,以减少交叉口范围,提高交叉口通行能力。当有人行横道时,停车线应布置在人行横道外,距人行横道边线 1~2m 处,并与人行横道平行布置。

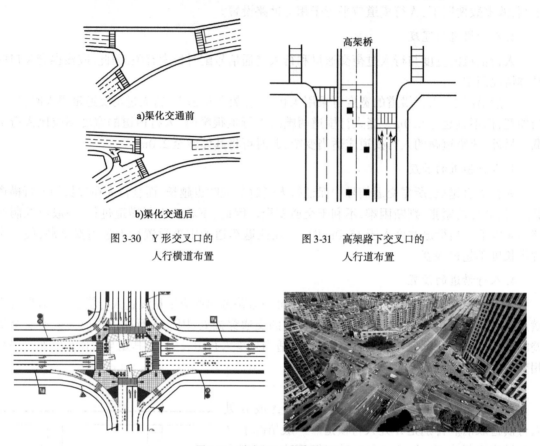

图 3-30　Y 形交叉口的人行横道布置

图 3-31　高架路下交叉口的人行道布置

图 3-32　道路交叉口停车线布置

第三节　交叉口设计阶段及其他设计问题/Intersection Design Phase & Other Design Issues

一、设计阶段/Design Phase

交叉口设计可分以下 3 个阶段进行。

(一)设计准备阶段

接受交叉口设计任务后,应先收集与设计有关的资料并进行研究分析和整理,以供下一步设计使用。收集资料的主要内容应为:

1. 地形资料

包括交叉口及其周围区域的 1∶500 或 1∶200 地形图。当无该图时,应进行现场实测。

2. 交通资料

包括设计交通量及通行能力。当为交叉口改建设计时,还应收集交通现状资料及交通事故发生的情况。

3. 用地资料

包括可供交叉口使用的用地范围及条件。

4. 道路设计资料

包括与交叉口相连道路的设计条件、道路等级、宽度、纵坡、横坡等。

5. 水文资料

包括相交道路的排水规划及排水管网资料。

(二)概略设计

在收集上述有关设计资料后,即可根据上述资料及欲解决的主要交通问题,拟定交叉口的位置、形状及交通管制方式,并用不同道路条件与交通控制方法组合成多种设计方案。对每一方案应进行概略计算及设计,然后绘制草图,并进行方案比较,从而决定使用方案(推荐方案)。当各方案优劣条件不明确时也可对两个或多个方案都进行以下阶段的详细设计。

(三)详细设计

根据概略设计推荐的方案作细部设计。其设计内容有:
(1)决定交叉口的整体形状。
(2)决定交通管制方式,并根据初步拟定的道路条件,设计计算交通管制的具体方法和控制参数。
(3)根据设计交通量及管制方法检验交叉口通行能力,计算车道数、车道宽度,布置附加车道、交通岛、停车线及人行横道,并计算和决定各部分几何尺寸。
(4)绘制平面设计图。将上述设计成果绘制在1:500或1:200的地形图上,构成平面交叉口设计详图,通过平面设计图可进一步检验用地条件。
(5)进行竖向设计(具体方法请看第五章),并计算工程数量。
(6)编制施工组织设计,并编制工程概预算。
通过详细设计,要求提出全部工程实施的设计文件和设计图纸资料。

二、交叉口的分期修建/Staged Construction of Intersection

交叉口设计也像道路设计一样,在进行近期设计时就应考虑远期交通量增长的需要。但由于道路开通使用后,一般交叉口处的通行能力富余量较大,且交叉口的通行能力还可通过不同的交通管制手段将其提高,再则交叉口的改造不像道路那样影响范围大,一般只涉及交叉口附近,因此,进行交叉口设计时,不一定要像道路路段设计那样按一定使用年限的终止年交通量需求来设计。一般多采用近期的设计交通量需求作为设计依据,待交通量增加后再分期进行改造,这样可使初期投资减少,从而取得好的经济效益。

由于交通量增长后,交叉口的道路构造和交通管制手段也需要随着改变,以适应新的交通需要,因此,在交叉口设计时,必须考虑未来交通量发展的需求而需要改建或修建的可能条件。一般过程为：道路修建初期的交叉口为道路自然交会而成，只需注意通过合理的竖向布置，使交叉口能适应各向交通并具有良好的排水条件即可。在多数情况下，只需将相交道路的边缘用曲线过渡即可。待交通量增加后，再考虑增设附加车道、设置交通岛或增设、改进交通管制手段。如改建平面交叉口及选用的各种交通管制手段对改善交通均不奏效时，即应考虑修建立体交叉。因此，在进行平面交叉口设计时，除应明确分阶段设计及修建的不同时期外，还应充分考虑未来改建或分阶段修建的方便条件。修建初期就应根据道路性质及交通预测资料，将未来发展用地留够。现有车道的布置应有利于将来发展或修筑立体交叉，交通管制手段的选用及设置方式也应有利于本身的增设及提高。例如，某一平面十字交叉口设计中，根据交通预测资料可知将来需要对此进行渠化交通并最终修建菱形立体交叉，对这一平面交叉口可在初期修建时作成如图 3-33 所示形式。在车道边侧留有宽的路肩，设置较宽的中央分隔带，这样有利于将来渠化交通和布置附加车道，并可为今后修建菱形立体交叉提供空间及过渡车道。

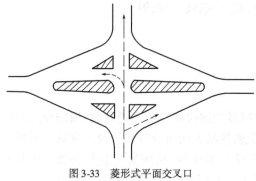

图 3-33 菱形式平面交叉口

三、交叉口的改造/Renovation of Intersection

我国现有道路上的平面交叉口，特别是城市中的道路交叉口，多数是在修建道路时自然交会而成，一般无特殊的规划与设计。而这些交叉口在交通饱和后，即必须进行改造或增设交通管制设施。通常的做法是增加附加车道、设置交通岛、渠化交通或改为交通信号控制。由于现有交叉口的改建一般都存在用地紧张问题，因此对其改造应注意以下问题：

（一）在交叉口改造中应灵活采用设计标准，以控制用地范围、减小改造的难度

在交叉口改造中，遇到的最大困难多为用地面积难以满足要求。此时，可视具体情况适当降低条件和设计指标，例如，计算速度可用路段计算速度的 0.5~0.7 倍，横向力系数选至0.15，车道宽度可用 3.0m，转弯车道还可降至 2.75m。另外，当道路上大型车数量很少时，可按小客车作为设计车辆，从而降低几何标准。通过上述方法在交叉口处增设附加车道，往往变得比较容易实施。图 3-34 为 Y 形交叉的改造例子。

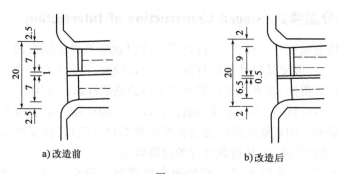

a) 改造前　　　　b) 改造后

图 3-34

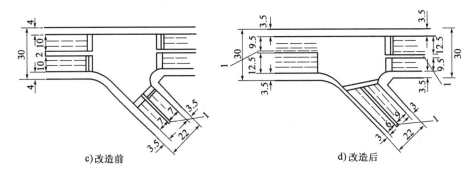

图 3-34 交叉口改造实例(尺寸单位:m)

(二)应对应交通问题采取对策

原有平面交叉口的改造,一般是为防止交通事故或提高通行能力,这两方面要求并不矛盾,而且追求交通安全只在保证行车速度和通行能力的条件下才有实际意义,对交叉口进行完善的改造可同时达到交通安全和提高通行能力的目的。

当以防止交通事故为改造目的时,应对交叉口内以往发生的交通事故作详细的研究分析,从而找出事故发生的真正原因。一般应以渠化交通、改善视距及线形条件为主要措施,切忌动辄采用限速的手段,因为限速会大大降低交叉口的通行能力。

当以提高通行能力为主要目的时,对用"停"车标志控制的交叉口可考虑进行渠化交通或增设交通信号控制;而对有交通信号控制的交叉口,则可在渠化交通的同时,考虑是否应将其改为立体交叉。无论采用何种改造措施,都应注意在其对应目的得到改善时不要又带来新的交通问题。

四、立体交叉中的平面交叉问题/Flat Crossing Problems in Grade Separation

在修建立体交叉的地方,往往还保留有平面交叉的问题。例如部分互通的菱形立体交叉或不完全苜蓿叶式立体交叉等都仍保留一定数量的平面交叉。另外,在城市道路上,由于交叉口的间距较小,在一处改建为立体交叉后,相邻的平面交叉的交通与立体交叉的交通干扰十分严重,实际上是修筑了立体交叉后而带来了新的平面交叉问题,在交叉口设计中对这些问题也应妥善处理。常遇到的问题有以下几种情况:

(1)立交下保留有平面交叉。此种形式主要发生在高架路下的平面交叉上,此时要特别注意上跨桥桥墩的布置,应保证墩台不成为行人和驾驶员视距的障碍。另外,在此种情况下,增大了桥下交叉的面积,使左转车辆行经路程变远,且冲突范围变大,在交通处理上对此应十分注意。当使用交通信号控制时,最好增加左转专用显示并加大清除交叉口横向车辆的黄灯时间。

(2)部分互通式立交中应将保留的平面交叉集中于次要道路。

(3)相邻很近的平面交叉,当其中一处修建立体交叉时,由于相邻平面交叉口阻车等会降低立体交叉的使用效率,同时也给车辆通过、交织等带来困难,在此种情况下,应将相邻的交叉放在一起规划修建。

课后习题/After-school Exercises

1. 交叉口形式设计时候要考虑哪些因素？
2. 什么是平面交叉口通行能力？可分为哪几类？
3. 交通量较大时，交通信号管制应遵循哪些原则？
4. 交叉口处对行人和自行车交通处理应遵循哪些原则？
5. 附加车道有哪几类？各种附加车道设计的目的是什么？
6. 简述交通岛的概念及其主要作用。

第四章
平面环形交叉口设计/
Flat Roundabout Design

第一节 环形交叉口的构成及交通特点/
Roundabout Composition & Traffic Characteristics

环形交叉口是在交叉口中央设置一个中心岛,用环道组织渠化交通的一种平面交叉形式。其交通特点是进入交叉口的不同交通流,只允许按照逆时针方向,绕中心岛作单向行驶;交通运行上以较低的速度合流并连续地进行交织行驶,直至从所要去的路口分流驶出。

环形交叉口的构成如图4-1所示。采用环形交叉口的目的,是避免在交叉口产生周期性的阻滞(即不用交通信号管制),并消灭交叉口上的冲突点,因而提高了行车安全性,减少了车辆在交叉口的延误时间。此外,环形交叉口由于可以对中心岛及环道边进行绿化与装饰,还有美化环境的作用。

根据交叉口占地面积、中心岛的形状和大小、交通组织原则等因素的不同,可将环形交叉口分成3种基本形式:

(1)普通(常规)环形交叉口。具有单向环形车道,其中包括交织路段,中心岛直径大于25m。

(2) 小型环形交叉口。具有单向环形车道,中心岛直径为 4~25m。

(3) 微型环形交叉口。具有单向环形车道,中心岛直径小于 4m。

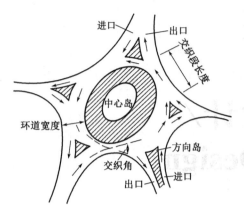 

图 4-1 环形交叉口构成示意

环形交叉口的主要优点是:所有驶入交叉口的车辆,无论是直行还是左转、右转,均按逆时针方向绕中心岛行驶;不需设置交通信号控制,车辆都不需停车等候,能连续不断地通行,节约时间,提高通行能力;车辆在环道上行驶的车流方向一致,形成渠化交通,且交叉行驶的车流以较小的交织角交织行驶,从而避免了交叉冲突点,可减少交通事故;环形交叉口的交通组织形式,对 5 条以上的道路交叉口和畸形交叉口,尤其适用,更为有效。

环形交叉口的主要缺点是:占地面积大,对旧城改建较难实现;增加车流绕岛行驶距离,对左转车辆更为不利;通行能力较低,这是因为它受环道上交织能力的限制。国内外资料表明,由于交织段断面上只能算一条车道起作用(右转车道除外),所以车辆在环道上连续交织行驶的情况下,绕岛行驶的车辆的通行能力最多只能达到一条车道的理论通行能力。根据观测为 900~1200 辆/h(不包括右转车道的通行能力),在我国一般交通条件下,尤其有大量非机动车混行和过街行人干扰时,十字形环形交叉口总的通行能力为 2000 辆/h 左右(以卡车为主要交通)。

环形交叉口的适用条件:

(1) 各相交道路的车流量比较均匀,流向比较稳定,转弯车辆较多,特别对一些多路相交的畸形交叉口,宜采用环形交叉口。

(2) 根据我国城市道路经验,当交叉口高峰小时机动车流量较小时,可采用环形交叉口,如果交通量超过 2000 辆/h,则不宜采用环形交叉口。

(3) 当路上非机动车和行人都较少时,不致过大地干扰机动车环形交通,因此在车种单纯的郊区干道上或在市区边缘城市道路与公路衔接处,宜采用环形交叉口。

(4) 交通量不大,但为了取得扩建用地,近期宜用环形交叉口作为扩建前的过渡形式。

在下列两种情况下不宜采用环形交叉口:

(1) 在有大量非机动车交通和行人交通的交叉口不宜采用环形交叉口,因为它不仅增加了非机动车和行人通过交叉口的行程,而且在环道的外侧和进、出口处的机动车流将被大量的非机动车车流和人流包围,使机动车进、出环岛时均会发生很大困难,因而影响车辆的连续通行,使通行能力下降甚至经常造成交通阻塞。

(2) 在斜坡较大的地形和桥头引道上,也不宜采用环形交叉口。因为它迫使下坡的车辆走小半径的反向曲线,这对行车安全是很不利的。

第二节　中心岛设计/Center Island Design

一、中心岛的形状/Shape of Center Island

普通环形交叉口的特点是在交叉口中央布置一个直径足够大的中心岛,保证车辆能按一定速度在环道上连续不断行驶,并以交织方式进出环道。我国目前大多数环形交叉口属于这种形式。中心岛的形状,一般采用圆形;对主次干道相交的交叉口也可以用椭圆形的中心岛,并使长轴沿主干道的方向布置。此外,结合地形、地物和相交道路的交通特点,也可采用其他规则或不规则几何形状的中心岛。环形交叉口中心岛设计如图 4-2 所示。

图 4-2　环形交叉口中心岛设计

二、主要几何尺寸的计算/Calculation of The Main Geometric Dimensions

(一)中心岛的半径

中心岛半径的计算,通常首先考虑满足设计速度的需要,然后按相交道路的条数和宽度,在设计图上验算路口之间的交织段长度是否符合车辆交织行驶的要求,最后加以确定。圆形中心岛半径 R 的计算方法如下。

(1)根据计算行车速度的要求计算

因为绕岛行驶的车辆是在紧靠中心岛的宽度为 b 的车道中间行驶,离中心岛边沿的距离为 $b/2$,故实际采用的中心岛半径 R 应按式(4-1)计算:

$$R = \frac{v^2}{127(\mu \pm i)} - \frac{b}{2} \quad (m) \tag{4-1}$$

式中:μ——横向力系数,建议大客车取 $\mu=0.10\sim0.15$,小客车取 $\mu=0.15\sim0.20$,为了保证行车的安全和乘客的舒适,μ 值宜取得小些;

i——环道横坡(%),可采用 $i=1.5\%$,当环道横坡倾向外侧时,取"$-i$";当环道横坡倾向内侧时,取"$+i$";

v——环道的计算行车速度(km/h),国外一般采用路段设计速度的 0.7 倍来计算,根据我国城市目前行车实际情况,尚嫌过高;据实测资料,公共汽车为 0.5 倍,小客车为 0.65 倍,载重汽车为 0.6 倍,可供设计时参考。

(2)根据交织段长度的要求计算

由于环形交叉口的交通是以交织方式来完成车辆互换车道而进出交叉口的,因此,中心岛的尺寸,不仅要适应行车速度所需要的转弯半径,同时还必须满足两个路口之间最小交织段长度的要求。所谓交织段长度,是指进环和出环的两辆车辆,在环道上行驶时互相交织,交换一次车道位置所行驶的路程。交织段长度的大小,主要取决于车辆在环道上的行驶速度。当两个路口之间有足够距离时,在该环道上行驶的车辆,均可在合适的时机互相交织(图 4-3)。交织段长度大致可取相邻两条相交道路机动车道边线被环道中心线截下的弧长,其位置如图 4-4 所示。

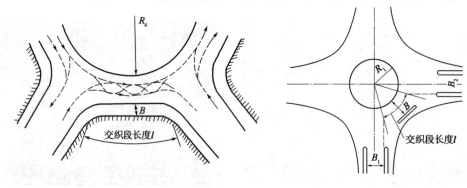

图 4-3 车辆在环道上交织行驶 　　　　图 4-4 交织段的位置

中心岛半径必须满足两个路口之间最小交织段长度的要求,否则,行驶中需要互相交织的车辆,就要在环道上停车等让,不符合环形交叉口连续交通的基本原则。环道上不同车速所需要的最小交织段长度见表 4-1。

环道上不同车速所需要的最小交织段长度　　　　表 4-1

环道设计速度(km/h)	20	25	30	35	40	50	60	70
最小交织段长度(m)	25	30	35	40	45	60	70	80

按交织段长度所要求的中心岛半径 R,可根据图 4-4 所示,近似地按设计交织段长度所围成的圆周大小来计算,即:

$$R = \frac{n(l + B_{平均})}{2\pi} - \frac{B}{2} \quad (\text{m}) \tag{4-2}$$

式中:n——相交道路的条数;

l——两个路口之间的交织段长度(m);

$B_{平均}$——交会道路的平均宽度(m)。

当中心岛为圆形,交会道路为十字形正交时(图 4-4),则:

$$B_{平均} = \frac{B_1 + B_2}{2} \tag{4-3}$$

式中：$B_{平均}$——环道宽度(m)；

B_1、B_2——交叉口相邻两路口的车道宽度(m)。

由式(4-2)可知，当相交道路的条数越多且要保证一定的交织段长度时，要求中心岛的半径 R 就越大，这将大大增加交叉口的用地面积，同时，也大大增加车辆在环道上的绕行距离，这很不经济，也很不合理。因此，环形交叉口的相交道路最好不多于 6 条。一般在设计时，均应按式(4-1)和式(4-2)进行计算，并选取其中较大的数值。

也可先按计算行车速度的要求确定中心岛半径 R，然后按式(4-4)验算其交织段长度 l 是否符合要求：

$$l = \frac{2\pi}{n}\left(R + \frac{B}{2}\right) - B_{平均}$$

或

$$l = \frac{\pi\alpha}{180°}\left(R + \frac{B}{2}\right) - B_{平均} \tag{4-4}$$

式中：α——相邻道路中心线形成的交角(°)，当交角不相等时，应采用最小夹角值；

l——交织段长度(m)；

B——环道宽度(m)。

验算结果，若 l 大于设计要求的交织段长度，则可以认为符合要求。

为满足载重汽车及拖挂车转弯需要，以及不占过多的土地和避免车辆绕行距离太长，根据观测试验结果，在城市道路上选用环形交叉口时，其中心岛直径一般在 40～80m 之间，可参考表 4-2 采用。

不同环道车速的最小半径和采用直径　　　　　　　　　　表 4-2

环道车速(km/h)	20	25	30	35	40
最小半径 R(m)	20	25	35.0	50	60

(二)环道的宽度

环道的宽度取决于相交道路的交通量和交通组织。一般是将靠近中心岛的一条车道作绕行之用，靠最外面一条车道供右转之用，当中再加 1～2 条车道作交织之用。因此，环道车道数一般为 3～4 条，每条车道宽 3.50～3.75m。若按 3 条机动车道计算，并考虑弯道加宽值，则一般认为环道的机动车道宽度可采用 15～16m。非机动车道所需宽度，应根据交通量而定，设计时应尽可能设置足够宽度的非机动车道，以减少非机动车与机动车的干扰，如有可能最好用分隔带将其隔开，以保证交通安全。一般情况下可参照表 4-3 所列宽度设计。

环道上非机动车道宽度　　　　　　　　　　表 4-3

非机动车数量(辆/h)	10000	15000	20000
非机动车道宽度(m)	5～6	7～8	9～10

注：表中的非机动车数量是指所有进入环形交叉口的非机动车(自行车)总数。

第三节 其他设计/Other Design

一、交织角/Interwoven Angle

交织角是进环车辆的轨迹与从环道上驶出车辆的轨迹平均的相交角度。它是检验车辆在环道上交织行驶时的安全程度的依据。交织角以右转车道的外缘 1.5m 和中心岛缘石外 1.5m 的两条切线的交角来表示(图 4-5)。交织角的大小取决于环道的宽度和交织段长度。交织角越小,行车越安全,但交织段长度和中心岛半径也就越大,占地也要增加。交织段长度在已有保证的条件下,交织角一般都能满足安全要求。交织角一般限制在 40°以内。根据经验,交织角最好选择在 20°~30°之间。

二、环道外缘石和进、出口的曲线半径设计/Design of Ring Road Rim Stone and Entrance & Exit Curve Radius

从交通需要和工程节约考虑,环道外缘石不宜做成反向曲线形状,因为这种形状的环道外侧约有 20% 的路面是无车行驶的。因此,环道外缘石宜采用直线圆角形式,如图 4-6 中虚线所示。

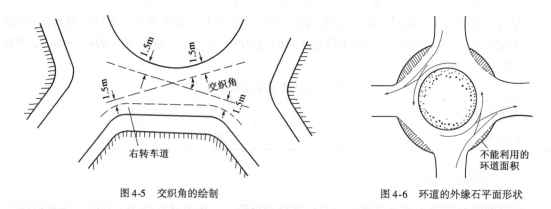

图 4-5 交织角的绘制　　　　　　图 4-6 环道的外缘石平面形状

进、出口车辆行驶轨迹的曲线半径,取决于环道的设计速度。为使各相交道路入环车速比较一致,各相交道路进口的曲线半径不能相差太大,常采用接近或小于中心岛半径。为了让汽车能加速出环,出口半径宜较入口半径大些。

三、环道横断面设计/Roundabout Cross Section Design

环道的横断面形状对行车的平稳性和地面排水的影响很大。通常,横断面的路拱脊线是设在交织车道中间的,若在机动车与非机动车道之间设有分隔带,则其拱顶线也可设在分隔带上。在进、出环道处,横坡的变化应较和缓(图 4-7)。环岛四周应设置雨水口,以利排水。在进、出口之间无交通的地方可设置三角形方向岛,以渠化进、出口的车辆交通。

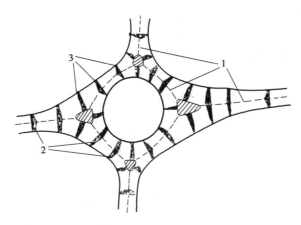

图 4-7 环道的路拱脊线
1-路拱脊线;2-水平线;3-环道路面断面形状

第四节 环形交叉口的通行能力/Traffic Capacity of Roundabout

一、交织段的通行能力/Traffic Capacity of Weaving Sections

环形交叉口的通行能力取决于环道的交织能力。对机动车而言,由对环形交叉口的交通特点分析可知,所有驶入环形交叉口的车辆一律绕中心岛做逆时针方向行驶,所有直行和左转的车辆都必须作交织行驶,因此,供直行和左转车辆行驶的车道数不论设计多少条,在交织段长度小于2倍的最小交织段长度的情况下,实际交织时只能起一条车道的作用。故其通行能力最多只能达到一条车道的最大理论值。

二、环形交叉口的总体通行能力/Overall Traffic Capacity of Roundabout

现以4条道路交汇的环形交叉口为例来求算其总体通行能力(图4-8)。

取任意交织段断面 B—B。若环道上仅布置一条机动车道,则所有通过 B—B 断面的左转、直行、右转车辆都必须顺序驶过合流点 A。

此时,各条道路的车辆通过合流点 A 的通过量 N_A 为:

$$R = N_A$$
$$= N_{1右} + N_{1直} + N_{1左} + N_{2直} + N_{2左} + N_{3左} \quad (辆/h)$$
$$(4-5)$$

其中第4条道路进环的车辆不通过 A 点。

由以上关系式可以看出,合流点 A 在一小时的通过量 N_A 取决于各进口道车流的数量和比例。

一般各个进口道驶入的车辆数都差不多。现假设各进

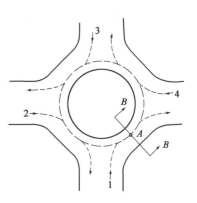

图 4-8 环形交叉口通行能力的计算图式1

口道的左转、直行、右转交通量均相等,则式(4-5)可得:

$$N_A = N_右 + 2N_直 + 3N_左 \tag{4-6}$$

若各进口道的左转和右转车辆相差不多,则可近似认为 $N_左 = N_右$,故可有:

$$N_A = 2(N_右 + N_直 + N_左) \tag{4-7}$$

因为整个环岛总的通过量 $N_环$ 为 $N_环 = 4(N_右 + N_直 + N_左)$,所以:

$$\frac{N_环}{N_A} = \frac{4(N_右 + N_直 + N_左)}{2(N_右 + N_直 + N_左)} \tag{4-8}$$

故:

$$N_环 = 2N_A \quad (辆/h) \tag{4-9}$$

同理,也可求得 5 条道路交会的环形交叉口的环道总通过量(图 4-9),也是 $N_环 = 2N_A$。

所以,由以上分析可得结论,当环形交叉口各进口道的左转、直行、右转交通量都相等,左转与右转车辆的比例也一样时,则不论交会的道路是 4 条还是 5 条,环形交叉口的总体通行能力总是等于交织段断面通过量的 2 倍。

当环道上的车道数 ≥2 条时,其中有一条为右转车道,其余均为绕岛和交织行驶的车道。此时,因为右转车道的车辆不参与交织,故交织段断面上的通过量应另外加上右转车道的通过量,即:

$$N_总 = N_{左、直} + N_右 \tag{4-10}$$

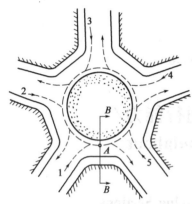

图 4-9 环形交叉口通行能力的计算图式 2

式中:$N_总$——环岛各交会道路进入路口的总通过量(辆/h);

$N_{左、直}$——环岛各交会道路进入路口的左转和直行车辆通过量(辆/h);

$N_右$——环岛各交会道路进入路口的右转车辆通过量(辆/h)。

当各交会道路驶入环岛的交通量基本相等,且左转和右转车辆的比例基本相同时,$N_{左、直}$ 可用式(4-11)计算:

$$N_{左、直} = 2N_A = 2 \times \frac{3600}{t_1} \quad (辆/h) \tag{4-11}$$

式中:t_1——左转和直行车辆通过交织断面的车头时距(s)。根据观测,t_1 的平均值:当环岛处于正常行驶状态时,$t_1 = 3.6s$;在机动车高峰时,$t_1 = 3.1s$;在非机动车高峰时,由于受非机动率的干扰影响,$t_1 = 3.6 \sim 3.9s$。

$N_右$在的数值可根据右转车辆在总交通量中所占的百分比 P 按式(4-12)进行计算:

$$N_右 = N_总 P = (N_{左、直} + N_右)P \tag{4-12}$$

故:

$$N_右 = N_{左、直} \frac{P}{1-P} \tag{4-13}$$

因为:

$$N_总 = N_{左、直} + N_右 = N_{左、直} + N_{左、直} \frac{P}{1-P} \tag{4-14}$$

以 $N_{左、直} = \dfrac{7200}{t_1}$ 代入,可得环形交叉口总体通行能力 $N_{总}$ 为:

$$N_{总} = \frac{7200}{t_1(1-P)} \quad (辆/h) \tag{4-15}$$

对 $N_{总}$ 尚需考虑两个因素:交织段长度影响系数 A 和车辆分布不均影响系数 B。

1. 交织段长度影响系数 A

大交织段长度的通过量比小交织段长度的通过量来得大。根据观测,若以交织段长度等于 30m(环道平均车速为 17km/h)时的通过量为 1,则交织段长度等于 60m(环道平均车速为 20km/h)时的通过量为 1.2,可得交织段长度在 30~60m 范围内的交织段长度影响系数 A 为:

$$A = \frac{3l}{2l + 30} \tag{4-16}$$

式中:l——交织段长度(m)。

当 $l > 60$m 时,按式(4-16)算得的 A 值,只能做参考。

2. 车辆分布不均影响系数 B

由于环岛上的车流实际上是不均匀连续的,故要考虑车辆分布不均的影响。根据经验,B 值采用 0.75~0.85 为宜。

考虑上述影响系数,得环形交叉口的可能通行能力 $N_{总}$ 为:

$$N_{总} = \frac{7200}{t_1(1-P)} \times A \times B \quad (辆/h) \tag{4-17}$$

式(4-17)中的参数 A 和 B 是按大型车占 60%、小型车占 30%、挂车占 10% 的比例求得。

根据观测和公式验算,4 条道路交会的环形交叉口,环岛总体通行能力在我国一般交通条件下(机动车和非机动车混行)很难超过 2000 辆/h。

第五节 微型环形交叉口/Mini-roundabout

针对普通环形交叉口存在的一些主要缺点,国内外一些研究机构对如何充分利用交叉口的有效面积,如何从经济上和用地上挖掘潜力,进行了大量的室内和实际道路行车试验,从而提出了微型环形交叉口这一改良形式,并规定了微型环形交叉口的使用原则和设计方法。其中英国运输和道路研究所在采用和发展微型环形交叉口方面取得了成效。该机构以小汽车为主要交通条件进行了研究,并认为微型环形交叉口在使用原则和设计原理上具有以下特点:

(一)微型环形交叉口的交通组织特点

(1)进入交叉口的车流,一律绕中心岛作单向行驶,直至从所要去的路口离岛驶出。这点与普通环形交叉口的交通组织原则是一样的。

(2)在使用管理上,采用"外侧先行"的原则。英国的交通规则是实行靠左侧行驶,所谓"外侧先行",是指区域内从右侧驶来的车辆优先行驶。这一规定,尽管破坏了原来进环车辆的连续性,但是,它使得车流不必要的交织显著减少,使每个入口都起到控制环行车辆先行的作用,驶入车辆则要等候环行车流间出现间隙时才插入行驶。因此,长的交织段对提高通行能力不再是唯一的主要因素,而入口拓宽,车流活动空间增大,使环行车流间的空隙得到较充分的利用,因而能有较大的通行能力。

(二)微型环形交叉口的几何设计要领

(1)交叉口的形状和线路布置,应为不同流向的车流提供尽可能宽的通道,因此,必须压缩中心岛直径(中心岛直径小于4m),以增加环道上车道数;同时,每个入口都必须扩宽(扩宽率一般为1:3),入口处的停车线伸进交叉口内一定位置,使停车线到中心岛的距离大致等于停车线上进口处的宽度;交叉口的出口处也应是逐渐加宽的,一般扩宽率为1:6(图4-10)。

(2)要妥善布置环形交叉口进出口的交通岛,使其发挥有意向的导流作用,即一方面要有利于车辆进环与出环,另一方面又要让入环的车流尽可能偏向外侧而不逼近中心岛绕行,并能尽快出环,而不与环行的或出环的车流发生冲突。这样可使中心岛尺寸缩小,在同等的交叉口面积上通过更多的车辆。

(3)为安全计,对任何的布置形式,除入环、出环的行车视距应有足够的保证之外,还要使相邻两个入环的行车视距也能满足要求。

(4)微型环形交叉口的通行能力。根据上述设计方法,微型环形交叉口的通行能力,经多次实验求出下列经验公式(图4-11):

$$Q = K(\sum W + \sqrt{A}) \tag{4-18}$$

其中
$$\sum W = W_1 + W_2 + W_3 + W_4$$
$$A = d_1 + d_2 + d_3 + d_4$$

式中:Q——实际通行能力(辆/h);

$\sum W$——所有进口道基本路宽总和(m);

A——交叉口加宽面积,即交叉口边线以内的面积减去交叉口基本路宽所占的面积(m^2);

K——效率系数,取决于进口道数,建议三岔路口,$K = 60$;四岔路口,$K = 45$;五岔路口,$K = 40$。

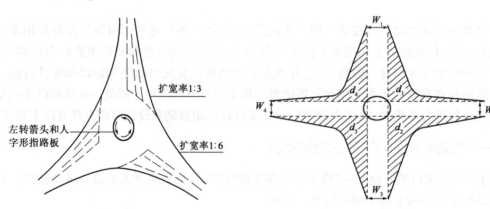

图4-10 微型环形交叉口示意　　图4-11 微型环形交叉口通行能力计算图式

英国的资料还表明,对现有的普通环形交叉口,在不超过现有车行道外侧实线的情况下,通过缩小中心岛尺寸,并将停车线伸进交叉口以提供更多的进口车道,一般可提高通行能力约30%。

微型环形交叉口用地经济,管理简单,在一个限定的交叉口面积内能使通行能力明显提高,这对旧城中心交叉口的改建具有现实意义。但是要特别说明的是,上述微型环形交叉口的介绍仅适用于以小汽车为主的交通(大型车辆交通一般不超过15%)。而在我国目前的城市道路上,除有较多的行人和非机动车外,在路上通行的汽车有较多的大型车辆,这种车辆由于车身较长,需要转弯半径较大,尤其是铰接车,转弯半径达11m以上。因此,微型环形交叉口如何结合我国城市道路交通的实际情况使用,尚有待进一步研究和探讨。

课后习题/After-school Exercises

1. 简述环形交叉口的概念及其对于改善道路交通状况的优点。
2. 环形交叉口设计的要素有哪些?
3. 请简要描述环形交叉口的优缺点。
4. 环形交叉口处的通行能力应如何考虑?
5. 简述微型环形交叉口的特点。

第五章
平面交叉口的竖向设计/
Vertical Design of Plane Intersection

第一节 交叉口竖向设计的目的、原则及基本形式/Purposes, Principles & Basic Types of Vertical Design of Intersection

一、竖向设计的目的和原则/Purposes & Principles of Vertical Design

交叉口竖向设计的目的,是调整交叉口范围内的车行道、人行道、建筑物及其邻近地面有关各点的设计高程,统一协调相交道路之间以及交叉口和周围建筑物之间在立面位置上行车、排水和建筑三方面的要求,使交叉口能获得一个平顺的共同构筑面,以保证交通安全、方便、排水通畅、建筑造型美观。平面交叉口竖向设计的基本要求如图5-1所示。

交叉口竖向设计的主要原则如下:

(1)主要道路与次要道路相交,一般次要道路的纵、横坡迁就主要道路纵、横坡的变化。

(2)等级相同的两条道路交叉,当交通量差别不大,但有不同的纵坡时,一般维持两条道路的设计纵坡不变,而和缓地改变它们的横坡,使两条道路在立面上取得平顺(一般多从纵坡较小的道路入手,将路面拱顶线逐渐向纵坡较大的道路边侧移动,使其横断面与纵坡较大的道路纵坡取得一致)。

(3)相交道路的等级和交通量差异都较大时,可以考虑主要干道的纵、横断面均维持不变,而将次要道路双向倾斜的横断面,逐渐改变过渡到与主要干道的纵坡一致的单向倾斜横断面,以保证主要干道的交通便利。

(4)为保证排水,设计时至少应有一条道路的纵坡能将交叉口范围内汇集的地面水排出;若所有道路纵坡都倾向交叉口时,则必须考虑在交叉口内设置雨水口,以保证交叉口排水要求。

(5)在交叉口范围内,不应使一条道路的雨水排入另一条道路上,一般采用截水的办法,多在交叉口人行横道前或在路缘口转角曲线的切点上,布置雨水口。

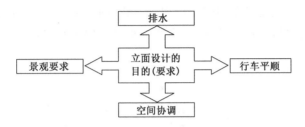

图 5-1　平面交叉口竖向设计的基本要求

二、交叉口竖向设计的基本形式/Basic Types of Vertical Design of Intersection

交叉口竖向设计的形式,主要取决于地形以及与地形相适应的相交道路的纵、横断面。如以十字形交叉口为例,主要有 6 种基本形式。

(1)4 条道路的纵坡全部由交叉口中心向外倾斜[图 5-2a)]。

其地形为凸形。设计时往往只需把交叉口的坡度做成与相交道路同样的坡度,调整一下接近交叉口时的道路横坡,让地面水向交叉口 4 个街角的街沟排去即可,在交叉口内不需设置雨水口。

(2)4 条道路纵坡均向交叉口中心倾斜[图 5-2b)]。

其地形为凹形地形。在这种情况下,地面水向交叉口中心集中,必须对应设置雨水口以排泄地面水,设计时可使交叉口中心地带略升高一些,在交叉口人行横道之外 4 个角低洼处设置雨水口,但这样做会使交叉口内的纵坡有起伏变化,不利行车,因此,最好能使一条主要道路的纵坡向交叉口外倾斜,这可通过把其纵坡转折点设计在交叉口以外达到目的。

(3)3 条道路的纵坡由交叉口向外倾斜,而另一条道路纵坡向交叉口倾斜[图 5-2c)]。

其地形特点为相交道路之一位于分水线上。设计时可保持相交道路的横断面形状,对倾向交叉口的道路在其进入交叉口范围后将原来的拱顶线改变为 3 个方向离开交叉口,并在倾向交叉口的道路上,在接近人行横道处设置雨水口,以截住地面水不让其流入交叉口内。

(4)3 条道路的纵坡向交叉口中心倾斜,而另一条道路纵坡由交叉口中心向外倾斜[图 5-2d)]。

其地形特点为相交道路之一位于河谷线上。设计时,因有一条道路位于河谷线上,另一条道路的纵断面在进入交叉口前产生转折点而形成过街横沟,对行车不利。所以应尽量使纵坡的转折点离交叉口远些,并插入竖曲线加以缓和,在纵坡倾向交叉口的 3 条道路的人行横道前,都设置雨水口,以截住地面水不让其流入交叉口内。

(5)相邻道路的纵坡向交叉口倾斜,而另外两条道路的纵坡由交叉口向外倾斜,交叉口位于斜坡地形上[图 5-2e)]。

设计时可不改变相交道路的纵坡,按照天然斜坡地形,将两条道路的横坡在进入交叉口前逐渐向相交道路的纵坡方向倾斜,使交叉口形成一个单向倾斜的斜面。此时,在倾向交叉口的道路上接近人行横道的上方设置雨水口,以截住地面水不让其流入交叉口内。

(6)相对两条道路的纵坡向交叉口倾斜,而另外两条道路的纵坡由交叉口向外倾斜,交叉口位于马鞍地形上[图 5-2f)]。

这种形式设计时,若主要道路向交叉口中心倾斜,则如图 5-2f)处理;若次要道路向交叉口中心倾斜,则还要将雨水口的位置往外移,不使雨水排入相邻的主要道路上。

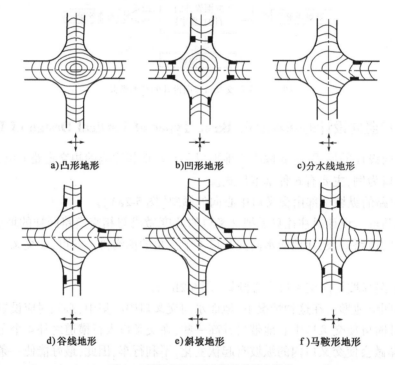

图 5-2 平面交叉口竖向设计的基本类型

除以上 6 种基本形式外,还有一种特殊形式,即交叉口位于水平地形上。在这种情况下,只要把交叉口的设计高程稍微抬高一些,就可设计成如图 5-2a)所示的形式。必要时,也可以不改变纵坡,而将相交道路的街沟都设计成锯齿形,用以排除地面水。

以上所述仅是几个典型十字形交叉口的竖向设计形式,尚有其他形式的交叉口,形式虽然不同,但竖向设计的要求和原则都是一样的。

从以上所列的竖向设计图形可以看出,竖向设计图形不同,其使用效果也有差异,最主要的原因是与相交道路纵坡方向的组合有密切关系。所以,如要获得交叉口理想的竖向设计,在进行路段的纵断面设计时,就要为交叉口的竖向设计创造良好条件。

第二节 交叉口竖向设计的方法/
Methods of Vertical Design of Intersection

交叉口竖向设计有3种方法:方格网法、设计等高线法、方格网设计等高线法。方格网法是在交叉口的设计范围内,以相交道路的中心线为坐标基线打方格网,方格网线一般为5m×5m或10m×10m平行于路中心线的线,斜交道路的方格网线应选在便于施工放线测量的方向,测出方格点上的地面高程并求出其设计高程,从而算出施工高度(参见图5-6)。设计等高线法是在交叉口的设计范围内,选定路脊线和划分高程计算线网,算出路脊线和高程计算线上各点的设计高程,最后勾画设计等高线,并算出各点的施工高度。设计等高线法的主要优点是比方格网法能更加清晰地反映出交叉口的竖向设计形状,其缺点是设计等高线上的各点位置不易放样。故通常是两种方法结合使用(方格网设计等高线法),取长补短,即采用设计等高线法设计,为了便于施工放样,用方格网标出各点的地面高程、设计高程和施工高度。方格网设计等高线法,主要用于大型交叉口和广场的竖向设计。对一般交叉口,通常都采用设计等高线法或方格网法,以设计等高线法较普遍。

现将方格网设计等高线法竖向设计方法和步骤介绍如下(注:如采用方格网法,则不需勾画设计等高线;如采用设计等高线法,可不画方格网,只要加注一些特征点的设计高程即可)。

(一)收集资料

1. 测量资料

一般常用1:500或1:200的地形图,在图上以相交道路的中心线为坐标基线打方格网,方格的大小视相交道路的等级(主要道路和次要道路)、地形和设计精度的要求而定,一般采用5m×5m或10m×10m,并测出方格点上的地面高程。

2. 交通资料

由交通量和交通组成。

3. 排水资料

包括已建或拟建排水管的位置及管径(或明沟位置及尺寸)。

4. 道路资料

包括交叉道路的等级、宽度、纵坡、横坡以及交叉口控制高程和四周建筑物高程。

(二)绘出交叉口平面图

包括路中心线、车行道和人行道的宽度、缘石及其转弯半径、分隔带宽度等。

(三)确定交叉口设计范围

设计范围一般为缘石转弯半径的切点以外5~10m(即相当于一个方格尺寸),这是因为考虑到自双向横坡逐渐过渡到单向横坡所需要的距离。

(四)确定竖向设计的图式

根据相交道路的等级、纵坡方向和地形,确定采用的竖向设计等高线形式(图 5-2),并选定设计等高线的高差(一般为 0.02~0.10m,宜取偶数,便于计算)。

(五)确定路段上的设计高程(图 5-3)

图 5-3 的绘制方法如下:

首先在车行道中心线上根据设计纵坡度及高程定出某一设计等高线的位置,并根据所选定的相邻等高线的高差 h,算出车行道中心线上相邻等高线的水平间距 l_1。

$$l_1 = \frac{h}{i_1} \quad (\mathrm{m}) \tag{5-1}$$

根据 l_1 即可定出车行道中心线上其余的设计等高线通过位置。

然后,定出设计等高线在街沟线上的位置。由于车行道横坡度的影响,设计等高线在街沟线上的位置向纵坡的上方偏移了一水平距离 l_2:

$$l_2 = h_1 \frac{1}{i_s} = \frac{B}{2} i_2 \frac{1}{i_s} = \frac{B}{2} \frac{i_2}{i_s} \quad (\mathrm{m}) \tag{5-2}$$

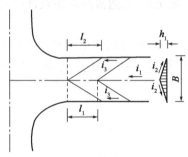

图 5-3　路段上设计等高线的绘制

i_1、i_3-车行道中心线和街沟线的设计纵坡度(%或‰);i_2-车行道的设计横坡度(%);B-车行道宽度(m);h_1-车行道路拱的拱高(m)

根据 l_2 即可定出车行道街沟线上其余的设计等高线通过位置。

求出 l_1 和 l_2 的位置后,连接同一等高线上的各点,即得以设计等高线表示的道路路段竖向设计图。如路拱为抛物线型,路段上的设计等高线理应以曲线勾画,但为简化绘图的工作量起见,一般可用折线表示,如图 5-3 所示。

(六)确定交叉口内的设计高程

1. 首先选定交叉口范围内合适的路脊线和控制高程

所谓路脊线,即路拱顶点(分水点)的连线。路脊线位置的选定合理与否,将直接影响交叉口上的排水、行车和立面观瞻。所以,要做好竖向设计,首先要选好路脊线的位置。

在交叉口上,当相交道路的路中心线交会于一点时,一般来说,路中心线即为其路脊线,路脊线的交点即为其控制高程点。

在斜交的 T 形交叉口上,相交道路虽然必交于一点,但当斜交的偏角过大时,其路中心线就不宜作为路脊线,因这样做出的路拱不匀称,应加以调整,如图 5-4 中所示的 AB'、BC'、DB'。修正路脊线的起点 A、C、D,一般取在缘石转弯半径的切点断面处,B' 的位置原则上应选在双向车流的中间位置(车行道中间)。

当主要干道与次要道路相交时,在一般情况下,应尽可能都照顾到主、次道路的行车方便。

在特殊情况下,如果主要干道的车速高、交通量大,而占压倒优势,则宜令主要干道的横坡不变,此时次要道路的路脊线只能交至主要干道的车行道边线(图5-5)。但这样的竖向设计,会在次要道路上形成过街横沟,对行车、排水都不利,应尽量避免。

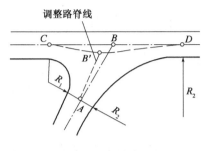

图5-4 调整路脊线

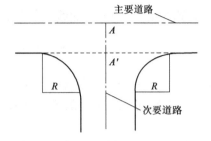

图5-5 路脊线交点位移

选定路脊线的基本原则是:既要考虑行车平顺,又要考虑整个交叉口均衡美观。一般来说,路脊线常是对向车辆行驶轨迹的分界线。

交叉口的控制高程,应根据相交道路的纵坡、交叉口四周地形、路面厚度和建筑物的布置等综合考虑确定。在确定相交道路中心线交点的控制高程时,不宜使相交道路的纵坡值相差太大,其差值一般要求不大于0.5%;有可能的话,应尽量使交叉口处相交道路的纵坡大致相等,这样有利于竖向设计的处理。

2. 确定高程计算线网并计算高程计算线上各点的设计高程

只有路脊线上的设计高程,仍不能足够反映交叉口设计范围内的竖向设计地形,还必须算出路脊线以外各点的设计高程。

平面交叉口竖向设计的关键是选择合适的路脊线和高程计算线网。如果这两个问题得到了妥善解决,则各点高程的计算也就迎刃而解了。

高程计算线网是竖向设计中计算交叉口范围内各点高程必不可少的辅助线。高程计算线网的确定可以采用如下几种方法。

(1)方格网法(图5-6)

在交叉口平面图上,平行于道路中心线画出5m×5m或10m×10m的方格网线,遇特殊情况,方格网的大小也可酌情增减,如道路斜交,方格网线应选在便于施工测量放线的方向。方格网法适宜用在道路正交的交叉口。

根据路脊线交点A的控制高程h_A,可逐一求出以下各点的设计高程。

缘石转弯半径切点横断面上的3点高程:

$$h_G = h_A - AG \cdot i_1 \tag{5-3}$$

$$h_{E3(或E2)} = h_G - \frac{B}{2}i_2 \tag{5-4}$$

同理,可求得F_3、N等点的高程。

根据以上求得A、E_3、F_3点的控制高程,即可算出交叉口范围内其他的高程点。

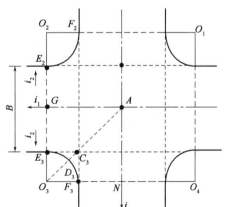

图5-6 方格网法计高程的计算图式

缘石延长线交点 C_3 的高程:按 E_3 点或 F_3 点算出 C_3 点高程,若两点高程不相等时,则取其平均值,故:

$$h_3 = \frac{(h_{E3} + Ri_1) + (h_{F3} + Ri_1)}{2} \tag{5-5}$$

连接 A、O_3 点通过 C_3 点与缘石曲线相交于 D_3 点,则 D_3 点的高程为:

$$h_{D3} = h_A - \frac{h_A - h_{C3}}{AC_3} \times AD_3 \tag{5-6}$$

根据求得的 E_3、F_3、D_3 各点高程,在缘石曲线 $\overset{\frown}{E_3F_3}$ 和路脊线 AG、AN 上,用补插法求出所需要的等高点。同理,可把 4 个角的等高点都算出来。

(2)圆心法(图 5-7)

在路脊线上根据施工的需要每隔一定距离(或等分)定出若干点,把这些点分别与相应的缘石转弯半径的圆心连成直线(只画到缘石曲线上即可),这样,就形成了以路脊线为分水线、以路脊线交点为控制中心的高程计算线网。

(3)等分法(图 5-8)

把交叉口范围内的路脊线等分为若干份,然后在相应的缘石曲线上也分成同样数量的等份。顺序连接这些等分点,即得交叉口的高程计算线网。

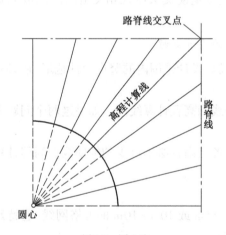

图 5-7 圆心法

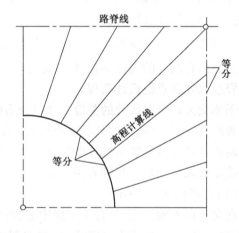

图 5-8 等分法

(4)平行线法(图 5-9)

先把路脊线交点与各转角的圆心连成直线,然后根据施工需要把路脊线分成若干点,通过这些点作以上直线的平行线交于缘石曲线上,即得高程计算线网。

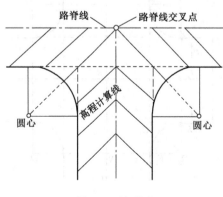

图 5-9 平行线法

从以上绘制高程计算线网的 4 种图形可以看出,高程计算线所在的位置,即是用于计算该断面路拱设计高程的依据,而标准的路拱横断面应是与车辆的行驶方向相垂直的。所以,如果所确定的高程计算线位置不与行车方向垂直,即高程计算线与要求的路拱横断面并不在同一位置上时,那么,按选用的路拱方程计算出来的路拱高程,将不是正确的路拱形状。因此,无论选用哪一种形式,都应力求使高程计算线处于与行车方向垂直的位置,同时,还要便于计算。根据这个要求,在上述绘制高程计算线网的4种方法中,推荐采用等分法。

当主要道路与次要道路相交而主要道路在交叉口上的横坡不变时,路脊线的交点即要移到次要道路的路脊线与主要道路的车行道边线的交点上(参见图5-5),此时的高程计算线网无论采用哪一种方法拉线,都必须自移位后的路脊线交点拉出。

每条高程计算线上高程点的数目,可根据路面宽度、施工需要、坡度大小和设计等高线的数量来决定。路宽、坡陡、施工精度要求高的,则高程点数可多些;反之,则少些。

高程点高程的计算与所选用的路拱形式有关,一般采用下列公式所示的抛物线路拱形式来计算(图5-10):

$$y = \frac{h_1}{B}x + \frac{2h_1}{B^2}x^2 \qquad (5-7)$$

$$y = \frac{h_1}{B}x + \frac{4h_1}{B^3}x^3 \qquad (5-8)$$

式中:h_1——高程计算线两端的高差或路拱高度(m),$h_1 = \frac{B}{2}i$,其中 B 为车行道宽度(m),i 为路拱横坡(%)。

上述公式可根据路面类型来采用,一般14m以下宽度的次高级路面及中级路面采用式(5-7),14m以上宽度的高级路面采用式(5-8)。

为便于计算,可把式(5-7)和式(5-8)按照图5-11所示高程点数的划分制成计算表(表5-1)。确定了路脊线和高程计算线网,根据所定的控制高程,算出每条高程计算线网两端的设计高程,因为高程计算线的位置作为计算路拱的断面位置,所以高程计算线两端点(其中一端位于路脊线上)的高程之差,即是路拱的高度 h_1(参见图5-11)。根据 h_1 值和所选用的路拱形式,即可利用表5-1或路拱方程算出每条高程计算线上各等分点的设计高程。

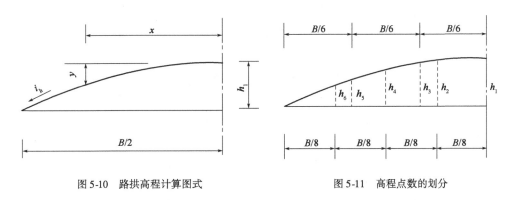

图5-10 路拱高程计算图式　　　　图5-11 高程点数的划分

路拱高程点（计算图式如图 5-11 所示）的计算（单位：cm）　　表 5-1

h_1	$y = \dfrac{h_1}{B}x + \dfrac{2h_1}{B^2}x^2$					$y = \dfrac{h_1}{B}x + \dfrac{4h_1}{B^2}x^3$				
	h_2	h_3	h_4	h_5	h_6	h_2	h_3	h_4	h_5	h_6
h_1	$0.844h_1$	$0.778h_1$	$0.625h_1$	$0.445h_1$	$0.344h_1$	$0.867h_1$	$0.815h_1$	$0.688h_1$	$0.518h_1$	$0.414h_1$
3	2.5	2.3	1.9	1.3	1.0	2.6	2.4	2.1	1.6	1.2
4	3.4	3.1	2.5	1.8	1.4	3.5	3.3	28	2.1	1.7
5	4.2	3.9	3.1	2.2	1.7	4.3	4.1	3.4	2.6	2.1
6	5.1	4.7	3.8	2.7	2.1	5.2	4.9	4.1	3.1	2.5
7	5.9	5.4	4.4	3.1	2.4	6.1	5.7	4.8	3.6	2.9
8	6.8	6.2	5	3.6	2.8	6.9	6.5	5.5	4.1	3.3
9	7.6	7	5.6	4	3.1	7.8	7.3	6.2	4.7	3.7
10	8.4	7.8	6.3	4.5	3.4	8.7	8.2	6.9	5.2	4.1
11	9.3	8.6	6.9	4.9	3.8	9.5	9	7.6	5.7	4.6
12	10.1	9.3	7	5.3	4.1	10.4	9.8	8.3	6.2	5
13	11	10.1	8.1	5.8	4.5	11.3	10.6	8.9	6.7	5.4
14	11.8	10.9	8.8	6.2	4.8	12.1	11.4	9.6	7.3	5.8
15	12.7	11.7	9.4	6.7	5.2	13	12.2	10.3	7.8	6.2
16	13.5	12.4	10	7.1	5.5	13.9	13	11	8.3	6.6
17	14.3	13.2	10.6	7.6	5.8	14.7	13.9	11.7	8.8	7
18	15.2	14	11.3	8	6.2	15.6	14.7	12.4	9.3	7.5
19	16	14.8	11.9	8.5	6.5	16.5	15.5	13.1	9.8	7.9
20	16.9	15.6	12.5	8.9	6.9	17.3	16.3	13.8	10.4	8.3
21	17.7	16.3	13.1	9.3	7.2	18.2	17.1	14.4	10.9	8.7
22	18.6	17.1	13.8	9.8	7.6	19.1	17.9	15.1	11.4	9.1
23	19.4	17.9	14.4	10.2	7.9	19.9	18.7	15.8	11.9	9.5
24	20.3	18.7	15	10.7	8.3	20.8	19.6	16.5	12.4	9.9
25	21.1	19.5	15.6	11.1	8.6	21.7	20.4	17.2	13	10.4
26	21.9	20.2	16.3	11.6	8.9	22.5	21.2	17.9	13.5	10.8
27	22.8	21	16.7	12	9.3	23.4	22	18.6	14	11.2
28	23.6	21.8	17.5	12.5	9.6	24.3	22.8	10.3	14.5	11.6
29	24.5	22.6	18.1	12.9	10	25.1	23.6	20	15	12
30	25.3	23.3	18.8	13.4	10.3	26	24.5	20.6	15.5	12.4
31	26.2	24.1	19.4	13.8	10.7	26.9	25.3	21.3	16.1	12.8
32	27	24.9	20	14.2	11	27.7	26.1	22	16.6	13.2
33	27.9	25.7	20.7	14.7	11.4	28.6	26.9	22.7	17.1	13.7
34	28.7	26.5	21.3	15.1	11.7	29.5	27.7	23.4	17.6	14.1
35	29.5	27.2	21.9	15.6	12	30.3	28.5	24.1	18.1	14.5

(七)勾画交叉口上的设计等高线

参照已知的竖向设计图式和形状,把各等高点连接起来,即得初步的、以设计等高线表示的交叉口竖向设计图。

(八)调整高程

按行车平顺和有利排水的要求,调整等高线的疏密(一般应是中间疏,边侧密),使纵、横坡均匀变化,调整个别不合理的高程,补设雨水口。

检查方法:用大三角板或直尺沿行车方向、横断面方向或任一方向,检查设计等高线的分布是否合理,以判别纵坡、横坡和合成坡度是否满足行车和排水要求。然后检查街沟线上的纵坡能否顺利排水,以及雨水口的布置是否合理。

(九)计算施工高度

根据等高线的高程,用补插法求出方格点上的设计高程,最后可以求出施工高度(它等于设计高程减去地面高程),以供施工需要。

以上为方格网设计等高线法,适用于大型、复杂的交叉口和广场的竖向设计。对于一般简单的交叉口,也可以采用特征高程点(如在纵、横坡方向选点)表示,路宽的、复杂的,则高程点数可多些;路窄的、简单的,则高程点数可少些。

根据设计经验,在平面交叉口竖向设计中,应掌握以下几个要点:

(1)交叉口相交道路的纵坡差不宜过大(不大于0.5%),尽可能使相交道路的纵坡大致相等。

(2)为了便于排水,车行道两侧的缘石边沟的纵坡不宜小于0.3%,缘石(侧石)高度控制在0.12~0.18m之间。

(3)在一般平坦地形的城市交叉口,其竖向设计的形状宜采用伞形,即把交叉口的中心高程稍微抬高一些,向四周倾斜。这种形式的竖向设计,对排水、行车、美观和衔接处理均有利。

(4)在交叉口范围内的横坡要求平缓,一般情况其横坡不大于路段设计横断面的横坡。

(5)交叉口对角线上的坡度宜控制在1%左右。如该处坡度定得太大,会导致其他方向上的坡度更大,对交通不利。

第三节 工程数量计算/Engineering Quantity Calculation

在对平面交叉口或广场作了竖向设计后,交叉口或广场各点的设计高程即为已知。为了实现这些设计高程,就需要根据各点的地面高程进行填高或挖低的工作,这就是交叉口或广场的平整工作。为了有目的、有计划地做好这一工作,需要在施工前计算出交叉口或广场的平整工作量,也即工程数量。这就必须算出各点的填挖高度,再以此计算出填方及挖方体积的数量。填方与挖方的数量应在满足设计要求的前提下尽可能小,而且利用挖方土体填筑填方部分时,计价土方只记入挖方数量。因此,为了减少计价方数量,还应使填方与挖方能基本平衡,以节省工程造价。

现介绍两种计算土方体积的方法,即三角棱柱体法和四角棱柱体法。

一、三角棱柱体法/Triangular Prism Method

首先在交叉口或广场的地形图上绘制方格网,并用对角线将所有方格分成三角形(图5-12);然后在方格交点处根据设计高程定出各交点处的填、挖高度,其数值为交叉口或广场原地面高程与设计高程之差,各点的原地面高程系根据水准测量实地测得或在地形图上用插入法求得。

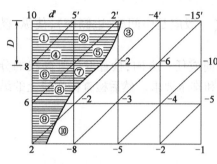

图5-12 三角棱柱体计算土方量

挖方高度用"+"表示,填方高度用"-"表示。

此后即可逐一计算三角棱柱体的体积。当三角棱柱体上各施工高度 H_1、H_2、H_3 的符号皆相同时,即为全填或全挖时[图5-13a)],该棱柱体体积 $V_{棱}$ 可按式(5-9)计算:

$$V_{棱} = \frac{D^2}{6}(H_1 + H_2 + H_3) \quad (m^3) \tag{5-9}$$

式中:D——三角棱柱体三角形的直角边的边长,也即方格网的方格长度。

如三角棱柱体各点施工高度的符号不同,即为有填有挖时[图5-13b)],应分两步进行计算。

首先按式(5-10)计算角锥体 $ABCD$ 的体积:

$$V_{锥} = \frac{D^2}{6} \frac{H_3^3}{(H_1 + H_3)(H_2 + H_3)} \quad (m^3) \tag{5-10}$$

式中的 H_1、H_2、H_3 均以绝对值代入,算出结果后,再根据角锥体所处的位置(在填方上或挖方上)决定其符号,挖方取"+",填方取"-"。

a) 全填或全挖

然后进行楔体 $BCEFGI$ 体积的计算:

$$V_{楔} = \frac{D^2}{6}\left[\frac{H_3^3}{(H_1 + H_3)(H_2 + H_3)} + H_1 + H_2 - H_3\right] \tag{5-11}$$

式中的 H_1、H_2、H_3 同样以绝对值代入,算出结果后再视填方或挖方决定其符号。

将所有三角棱柱体体积的计算结果列于表格中(表5-2),即可统计出挖方及填方的总数。

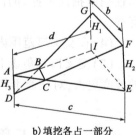

b) 填挖各占一部分

图5-13 三角棱柱体

填方和挖方工程量表　　　　　　表5-2

三角棱柱体号数	挖方(+)(m³)	填方(-)(m³)
1	20	180
2	65	110
2	100	60

续上表

三角棱柱体号数	挖方(+)(m³)	填方(-)(m³)
4	150	—
5	90	20
…	…	…
总计	4460	5450

二、四角棱柱体法/Square Prism Method

与上法相同,先绘制方格网,在各方格网交点处注明平整工作高度,并绘上填、挖分界线,然后计算每一方格的平整工作量。计算时可能遇到下列情况:

(1)正方形中为全填或全挖:

$$V = \frac{D^2}{4}(H_1 + H_2 + H_3 + H_4) \quad (\text{m}^3) \tag{5-12}$$

(2)正方形中部分为填方部分为挖方:

$$V_{A(B)} = \frac{D^2}{4} \frac{[\sum H_{A(B)}]^2}{\sum H} \quad (\text{m}^3) \tag{5-13}$$

或可用:

$$V_A = F_A H_A, V_B = F_B H_B$$

式中:$\sum H_{A(B)}$——方格各交点填方(或挖方)施工高度的总和(m);

$\sum H$——方格各交点施工高度总和(绝对值)(m);

$F_{A(B)}$——填方(或挖方)面积(m²),如图5-14所示;

$H_{A(B)}$——填方或挖方的平均高度(m);

D——四角棱柱体中正方形的边长(m)。

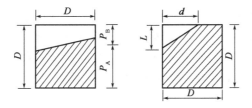

图5-14 填挖方面积计算图式

以上两种计算方法,当比例尺相同时,三角棱柱体法比四角棱柱体法较为精确,在地形起伏较大或需要开挖的石方单价较高时宜采用。采用电算时也宜采用三角棱柱体法,目前已有可供使用的"场地平整计算高程及土方量计算通用程序"。采用电算可重复多次计算并进行比较,以取得最优方案减少土方工程量,并节约进行计算工作的人力与时间。

进行电算时的程序框图如图5-15所示。

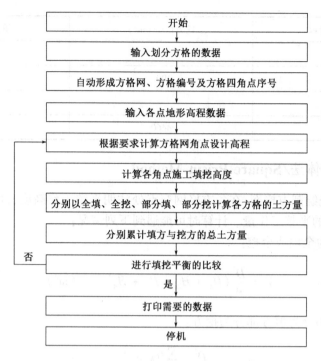

图 5-15 电算时的程序框图

课后习题/After-school Exercises

1. 平面交叉口竖向设计的主要原则有哪些？
2. 平面交叉口竖向设计主要方法有哪些？试说明设计等高线法的优点以及该方法的使用条件。
3. 简述平面交叉口竖向设计工程量的计算方法。
4. 某正交的十字形交叉口位于斜坡地形上，相交道路车行道的中心线及边线的纵坡均为 3%，路拱横坡为 2%，车行道宽度 B 为 15m，转角曲线半径 R 为 10m，交叉口控制高程为 2.05m。若等高距 h 用 0.01m，试绘制交叉口的立面设计图。

第六章
道路立体交叉设计/Road Three-dimensional Crossing Design

第一节 概 述/Overview

一、立体交叉的作用及修建条件/The Role of Three-dimensional Crossing & Its Construction Conditions

(一)立体交叉的作用

立体交叉是相交道路在不同平面上的交叉,它能保证相交道路上的车流连续不断地通过交叉口而不互相产生干扰。立体交叉能克服平面交叉口中所存在的通行能力低、行车延误大、行车速度慢、安全性差的缺点。

(二)立体交叉的修建条件

立体交叉的修建须以路网规划为依据,以宏观的角度和微观分析结合的观点判断立交造成的各个方面的影响和效益。

1. 技术条件

(1) 相交道路等级高

高速公路或快速路与高速公路以及其他各级道路相交,都要求控制出入,排除纵横干扰,应修建立体交叉;一级公路或主干路与交通繁忙的其他道路相交,经过技术经济比较认为合理时,也可以采用立体交叉。

(2) 交叉口的交通量过大

当相交的两条道路进入交叉口的交通量达到 4000~6000 辆/h(小汽车),相交道路为四车道以上,且对平面交叉口采取改善措施和调整交通组织均难以奏效时,可设置立体交叉。

(3) 行车速度

相交道路的行车速度达到 80~120km/h,如建造平面交叉,车辆会因此降低速度太多,使经济损失过大,这时,应修建立体交叉。

(4) 地形适宜

两条干道相交或干道与其他等级的道路相交,当地形条件适宜修建立体交叉,且与平面交叉相比较,有明显的经济效益时,可考虑设置立体交叉。

2. 经济条件

建造立体交叉的投资效果主要取决于建造立体交叉的年平均投资费用是否小于保留平面交叉口的全年经济损失总额,否则建造立体交叉是不合理的,建造立体交叉的经济合理性可用下列公式表示:

$$K > R\left(\frac{1}{n} + \frac{P}{100}\right) + m \quad (元) \tag{6-1}$$

式中:K——平面交叉口因交通受阻造成全年经济损失总额(元);

R——立体交叉的造价(元);

n——立体交叉构造物的使用期限(年);

P——立体交叉每年大修折旧剔除费,以占立体交叉总造价的百分比表示(%);

m——立体交叉的每年管理费(元),包括立体交叉的平时维修和维护,即路面、桥隧构造物的维修和交通控制等费用,但不包括大修费用在内。

(1) 平面交叉口车辆受阻的经济损失

平面交叉口因交通受阻造成的全年经济损失总额 K 可由式(6-2)算出。

$$K = \frac{365 \sum_{1}^{u} Q \cdot G}{\beta} \quad (元) \tag{6-2}$$

式中:$\sum_{1}^{u} Q$——平面交叉口各方向一小时的受阻车辆小时总数(方向数由 1 至 u)(台时);

G——每受阻车辆小时折合运输单位的损失额(元/台);

β——高峰小时交通量($N_{小时}$)占年平均日交通($N_日$)的百分比,即 $\beta = \frac{N_{小时}}{N_日}$;当缺乏交通量观测数据时,$\beta$ 值可取用:市区道路 $\beta = 0.08~0.10$,郊区道路与公路 $\beta = 0.13~0.15$。

(2)平面交叉受阻车辆的台时数

根据建造立体交叉以前的平面交叉口所采用的交通信号控制情况和高峰小时交通量,可按式(6-3)求得高峰小时内车辆受阻损失的台时数 Q:

$$Q = N \frac{t_{红} + t_{黄}}{T_0} \frac{(t_{红} + t_{黄}) + 0.56v}{2 \times 3600} \tag{6-3}$$

式中:N——平面交叉口一个方向(一个进口道)的高峰小时交通量(辆/h);

T_0——交通信号周期长度(s),$T_C = t_{红} + t_{绿} + t_{黄}$,其中 $t_{绿}$ 为交通信号周期内的绿灯时间,$t_{红}$ 为交通信号周期内的红灯时间,$t_{黄}$ 为交通信号周期内的黄灯时间;

v——路段的计算行车速度(km/h);

$0.56v$——参照车流在运行中减速和加速大致相等而考虑减速和加速时间的消耗(s)。

二、立体交叉的类型/Type of Three-dimensional Crossover

(一)按立体交叉的交通功能分类

立体交叉可分为分离式与互通式两大类。

分离式立体交叉(图 6-1)一般只修一座跨路桥或地道,把相交道路上、下分离,车辆不能上、下互通行驶,其构筑物形式简单且单一,占地少,造价低,适用于高速道路与铁路或次要道路之间的交叉。这里只叙述互通式立体交叉。

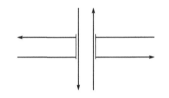  

图 6-1 分离式立体交叉示意及实例

互通式立体交叉(图 6-2)不仅设跨线构造物使相交道路空间分离,且上、下道路之间采用相互连通的交叉方式。

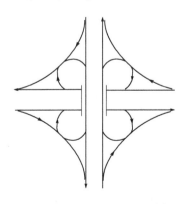 

图 6-2 分离式立体交叉示意及实例

按功能分:互通式立体交叉可分为一般互通式立体交叉和枢纽互通式立体交叉两种基本类型,见表6-1。一般互通式立体交叉主要用于高速公路等干线公路与地方公路之间的交叉,应主要服务于地方交通流的接入与集散。枢纽互通式立体交叉主要用于高速公路等干线公路之间的交叉,应担负干线公路之间交通流转换的重要功能。

互通式立体交叉分类体系   表6-1

道路等级	道路条数	几何形状
一般互通式立体交叉	三岔	单喇叭形、子叶形等
	四岔	喇叭形、苜蓿叶形、菱形、环形、组合型等
	多路	环形、组合型等
枢纽互通式立体交叉	三岔	X形、T形等
	四岔	直连式、苜蓿叶形、涡轮形等
	多路	组合型

互通式立体交叉又可以根据交叉岔数、交叉形式、交叉方式和方向连通程度等按下列规定分类:

(1)按交叉道路的多少,可分为三岔道路、四岔道路和多岔交叉。当两处或多处互通式立体交叉相互连接并组合成整体时,形成复合式互通式立体交叉。

(2)按互通式立体交叉的形状,可分为喇叭形、苜蓿叶形、菱形、环形、涡轮形、T形、Y形和叶形互通式立体交叉等。

(3)按交通流线的交叉方式,可分为完全立体交叉型、平面交叉型互通式立体交叉。

(4)按方向连通程度,可分为完全互通式立体交叉和部分互通式立体交叉。

(二)按相交道路的跨越方式分类

立体交叉按相交道路的跨越方式分为上跨式和下穿式(图6-3)。

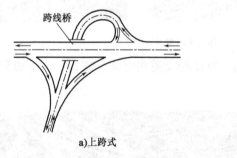

a)上跨式   b)下穿式

图6-3 相交道路跨越方式

上跨式为主线利用结构物(桥梁或通道等)从被交道路或其他线形工程上方跨过的交叉方式。下穿式为主线利用结构物从被交道路或其他线形工程下方穿过的交叉方式。

(三)按用途分类

(1)公路立体交叉,指城镇范围以外的立体交叉。

(2)城市道路立体交叉,指城镇范围以内的立体交叉。

(3)公铁立体交叉,指道路与铁路的立体交叉。

（4）人行立体交叉，供行人、非机动车横跨道路的人行天桥或通道。

三、互通式立体交叉的组成/The Composition of Interchangeable Stereo Intersections

立体交叉是由桥跨构筑物及匝道等所组成，如图6-4、图6-5所示。

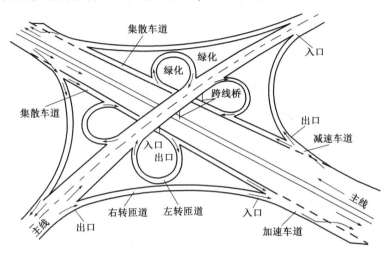

图6-4　立体交叉的构成部分（一）

图6-5　立体交叉的构成部分（二）

1．跨越构筑物

跨越构筑物是立体交叉的主要结构物。道路从桥上通过并跨越相交道路时称为跨路桥，从下面穿越时称为地道。

2．正线

正线是组成立交的主体，指相交道路的直行车行道，主要包括连接构造物两端到地坪高程的引道和交叉范围内引道以外的直行路。

3．匝道

互通式立体交叉内供上、下各道路之间的车辆转弯行驶的连接道称为匝道。匝道与高速道路、相交道路的交点称为终点（端点）。匝道分为单向匝道、双向匝道和有分隔带的双向匝道 3 种(图 6-6)。选用时可根据交通要求和地形条件而定。

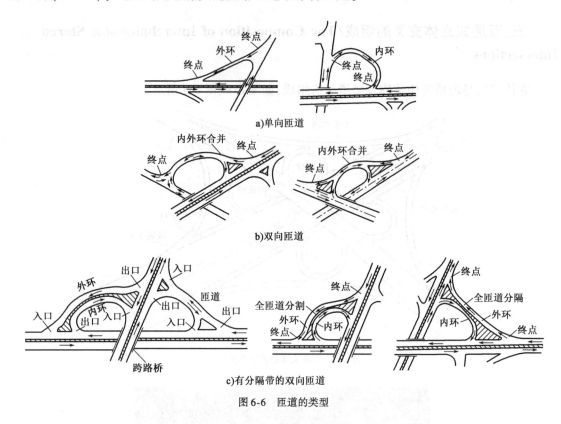

图 6-6 匝道的类型

4. 出入口

由正线驶出进入的匝道口为出口,由匝道驶入正线的匝道口为入口。

5. 变速车道

为适应车辆变速行驶的需要,在正线右侧的出入口附近设置的附加车道称为变速车道,出口端为减速车道,入口端为加速车道。

6. 立体交叉范围

各相交出入口变速车道渐变段顶点以内包含的正线和匝道的全部区域为立体交叉范围。

四、我国立体交叉的建设概况/Overview of Three-dimensional Crossing in China

1. 我国立体交叉的发展概况

我国的高等级道路建设发展较慢,因而立体交叉修建较晚,数量也较少。近年来由于工农业的发展,汽车和自行车的增加,促进了公路运输事业的发展,为适应这一要求,全国各地兴起修建高等级道路的热潮,改善道路咽喉——平面交叉口就成为迫切的任务。从 20 世纪 70 年代初北京就开始修建二环快速路,在这条环道上先后修建了复兴门、建国门、西直门等 10 座立体交叉。进入80年代,全国各地纷纷修建高速道路和快速路,如京石高速公路,天津中环路,广州市的广佛高速公路、广深高速公路和环城高速公路,上海的沪嘉高速公路、莘松高速公路,沈大高速公路等,并在这些道路上修建了许多立体交叉。此外,很多城市如沈阳市、南京市、重庆市、成都市、大连市、杭州市、石家庄市和福州市等,为改善少数交通量特别大、阻塞严重的交叉口,也都修建了立体交叉,并收到了良好的效果。

2. 我国立体交叉的主要形式

由于我国车辆组成复杂,特别是存在着大量的自行车,而且各地的道路交通具体条件各异,这些均与国外有很大的差别,所以,我国修建的立体交叉形式有的虽类似国外,但又有很大的变动,为结合我国自行车特别多的具体情况,修建了一些新形式的立体交叉。已修建的立体交叉形式,主要有环型、长条苜蓿叶式、非对称苜蓿叶式、部分苜蓿叶式、部分定向式、组合苜蓿叶式、双重苜蓿叶定向式、半菱型和蝶式等。

第二节　立体交叉规划、选型与设计要素/Three-dimensional Crossing Planning, Selection & Design Elements

一、立体交叉布置规划/Layout Planning of Three-dimensional Crossing

(一)立体交叉设置条件

(1)公路立体交叉的设置应综合考虑路网结构、节点功能、交叉公路功能及等级、交通源的分布、自然条件和社会条件等因素。

(2)符合下列条件者应设置互通式立体交叉:

①高速公路之间及其与一级公路相交处。

②高速公路、一级公路与通往县级以上城市、重要的政治或经济中心的主要公路交叉处。

③高速公路、一级公路与通往重要工矿区、港口、机场、车站和游览胜地等重要交通源的主要公路交叉处。

④具干线功能的一级公路之间相交处。

⑤当平面交叉的通行能力不足或出现频繁的交通事故时。

⑥当有地形或场地条件可利用,使设置互通式立体交叉的综合效益大于设置平面交叉时。

(3)符合下列条件者应设置分离式立体交叉:

①高速公路除设置互通式立体交叉外的其他节点。

②具干线功能的一级公路除设置互通式立体交叉外的其他节点,当需采取减少横向干扰措施且被交叉公路不能在此被中断时。

③二、三、四级公路之间的交叉,当直行交通量大、可不考虑交通转换且地形条件适宜时。

④远期规划为互通式立体交叉的节点。

(4)互通式立体交叉位置的选择应符合下列规定：

①互通式立体交叉应能为主交通源提供近便的服务。

②互通式立体交叉的位置宜避开不良地质、陡峭地形、基本农田、经济林、文物古迹、水产和矿产资源等。

③被交叉公路应有与互通式立体交叉出入交通量相适应的通行能力。

④分配到区域路网中的互通式立体交叉出入交通量不应使相关公路或路段的交通负荷过重。

(二)立体交叉间距的确定

分离式立体交叉通过设置立交桥或隧道，使相交道路的车流分离，上、下的道路互不相通，因此，分离式立体交叉之间没有间距的限制。而互通式立体交叉间距的确定较为复杂，现就其确定的基本原则和国内外采用的实例简述如下。

1. 基本原则

(1)能均匀地分散交通。

互通式立体交叉的位置，除满足设置条件外，相邻之间还应保持一定的距离，使所负担的交通量大致保持均衡，从而使干道和区域内交通量的分配大致协调，以充分发挥高等级道路的功能。

(2)与高等级道路相交干道网的道路密度要合适。

公路和城市干道网中道路的间距直接影响和决定着互通式立体交叉的间距，所以在规划公路和城市干道网时，必须满足交通运输要求和合适的干道间距。否则，若互通式立体交叉的间距过大，将使交通联系不便；若间距太小，又影响高等级道路功能的发挥，且使建设投资增加。

(3)满足交织长度的要求。

在高等级道路上相邻的两个互通式立体交叉之间，要有足够的交织段长度，以满足车辆进出高等级道路时相互转换车道所需的交织长度的要求。所谓交织段长度，是指后面一个立体交叉匝道上的车流驶入高等级道路上时的合流点至前面一个立体交叉的高等级道路上的车流驶入匝道时的分流点之间的距离(图6-7)。在这两点之间，车流会产生交织行驶而要求有一定的交织长度，它与交通量大小及行车速度有关，交通量越大，行车速度越高，要求的交织段距离越长。其间距，日本认为至少需150~200m，有的国家认为至少要1km。

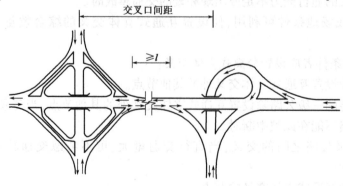

图6-7 互通式立体交叉的交织段长度

我们建议,为满足最小交织段长度要求所需的互通式立体交叉最小间距 L_1 为:

$$L_1 = l_{加} + 1000 + l_{减} \quad (6-4)$$

式中:$l_{加}$——加速车道的长度(m);

$l_{减}$——减速车道的长度(m)。

(4)满足设置交通标志的要求。

在高等级道路上行车,由于速度高,除了必须保证驾驶员有很好的通视条件外,还要在距立体交叉一定距离前设置交通标志以提示驾驶员注意前方有立体交叉。

一般在进入互通式立体交叉之前要求连续设置三个指示标志,第一个设置在距立体交叉1.6km 处,第二个在 0.8km 处,最后一个设置在靠近立体交叉处。

为满足设置交通标志要求所需的互通式立体交叉最小间距 L_2 为:

$$L_2 = l_{加} + 1600 + l_{减} \quad (m) \quad (6-5)$$

(5)除保证驾驶员在行车中有足够时间辨明交通标志牌的尺寸、高度、亮度、颜色外,还要使驾驶员有足够的时间考虑和判断。国外学者的研究认为:驾驶员的注意力随着车速的递增而向外移;当车速为 97km/h 时,驾驶员的注意力集中在 610m 以外的某一点。同时,还要使驾驶员有一定时间辨别要去的方向,驾驶员需要在分流点前 10s 内发现交通标志,以便辨明要去的方向,假设计算行车速度为 120km/h,则设置交通标志地点应距分流点的距离 l 约为 330m $\left(l = \dfrac{v}{3.6}t = \dfrac{120}{3.6} \times 10\right)$。此外,一般认为驾驶员辨明交通标志的时间至少需要 3s,则 3s 行驶距离 l 为 100m $\left(l = \dfrac{v}{3.6}t = \dfrac{120}{3.6} \times 3\right)$。

故按照驾驶员辨别交通标志要求所需的互通式立体交叉之间的最小间距 L_3 为:

$$L_3 = l_{加} + 610 + 330 + 100 + l_{减} = l_{加} + 1040 + l_{减} \quad (m) \quad (6-6)$$

2. 国内外采用的立体交叉间距情况

(1)城市间互通式立体交叉间距

城市间互通式立体交叉间距列入表 6-2。

城市间互通式立体交叉间距 表 6-2

国家	间距(km)			备注
	平均	最小	最大	
美国	6.9	1.6	20	—
德国	$2.7 + l_{加} + l_{减}$	$0.6 + l_{加} + l_{减}$	—	$l_{加}$-加速长度;$l_{减}$-减速长度
日本	2.3~2.7	—	—	
加拿大	—	3	8	
荷兰	3~5	—	—	
英国	6.5	—	—	
中国	15.8	—	—	

(2)城市内互通式立体交叉间距

城市内互通式立体交叉间距见表 6-3。

城市内互通式立体交叉间距 表6-3

国家	间距(km)			备注
	平均	最小	最大	
美国	1	—	—	—
日本	2~5	0.7	—	—
加拿大	3	2	—	—
中国	1.9	0.8		北京二环快速路

一般大城市和工业区周围的互通式立体交叉间距为4~10km，小城市和平原区为15~25km，地方城镇和山区为20~30km。

二、立体交叉选型/Three-dimensional Cross-selection

(一)互通式立体交叉常用形式

1. 完全互通式立体交叉

相交道路的车流轨迹线全部在空间分离的交叉称为完全互通式立体交叉。

适用条件：高速道路之间及高速道路与其他高等级道路相交。

代表形式：喇叭形、子叶式、苜蓿叶形、Y形、X形等。

(1)喇叭形立体交叉

喇叭形立体交叉是三岔道路的典型形式(图6-8、图6-9)。这种立交除环圈式匝道适应车速较低外，其他匝道都能为转弯车辆提供较高速度的半定向运行；其结构简单，只需一座构造物，投资较省；所有匝道均自右侧接入干道的车行道，无冲突点和交织，通行能力大，行车安全；造型美观，行车方向容易辨别。

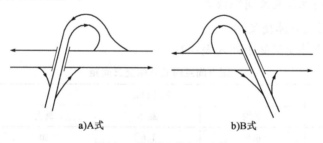

a)A式　　　　　　b)B式

图6-8　喇叭形立体交叉示意

图6-9　喇叭形立体交叉实例

布设时应将环圈式匝道设在交通量小的方向上,主线交通量大时宜采用 A 式。次线上跨对转弯交通视野有利,下穿时宜斜交或弯穿。

喇叭形立体交叉适用于郊外公路 T 形交叉路口或城市边缘地区高速公路的起终点。

(2)子叶式立体交叉

子叶式立体交叉(图 6-10)只需一座构造物,造价较低,造型美观。但交通运行条件不如喇叭式好,正线存在交织,多用于苜蓿叶式立体交叉的前期工程,布设时以使正线下穿为宜。

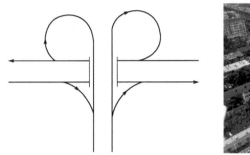

图 6-10 子叶式立体交叉示意及实例

当三岔道路左转交通量均小于单车道匝道设计通行能力,或被交叉公路远期将延伸形成四岔道路且规划为苜蓿叶形时,可采用叶形。

(3)Y 形立体交叉

Y 形立体交叉(图 6-11、图 6-12)能为转弯车辆提供高速的定向或半定向运行;无交织,无冲突点,行车安全;方向明确,路径短捷,通行能力大;正线外侧占地宽度较小,但需要构造物多,造价较高。

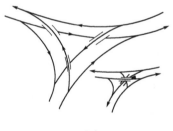 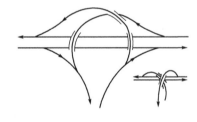

a)定向　　　　　　　　　　　　　　b)半定向

图 6-11 Y 形立体交叉示意

a)实例1　　　　　　　　　　　　　　a)实例2

图 6-12 Y 形立体交叉实例

定向式立体交叉是使直行、右转和左转的车辆均沿着比较顺捷方向的车行道和专用单向匝道行驶，方向明确，所有相交道路均立体交叉。

定向式立体交叉适用于高速公路与高速公路相交，且左转车流特别大的交叉口。

(4) 完全苜蓿叶式立体交叉

完全苜蓿叶式立体交叉的形状似苜蓿叶(图6-13、图6-14)，仅设一座立交桥，左、右转匝道在4个象限中均各设一条。直行车辆在原干道的直行车道上连续行驶，右转车辆沿右转匝道行驶至相交干道，左转车辆与直行车辆一起穿过跨路桥后进入环形匝道，沿匝道右转270°，再穿越交叉中心驶入相交干道。

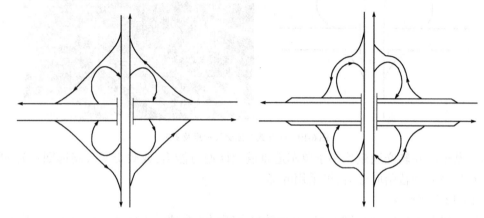

图6-13　完全苜蓿叶式立体交叉示意

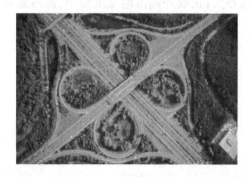

图6-14　完全苜蓿叶式立体交叉实例

完全苜蓿叶式立体交叉任何方向的车流均不存在冲突点；形式比较简单，视距良好；但占地面积较大，且左转行驶距离长，环圈式匝道适应车速较低，且桥上、下存在交织；布设时为消除主线上的交织、避免双重出口、简化标志以及提高立交的通行能力和行车安全，可加设集散车道。

鉴于苜蓿叶式立体交叉的优缺点，其多用于高速道路之间(城市以外交通量较大的两条高等级公路相交)的立交，而在城市内因受用地限制很难采用，但长条形的苜蓿叶式立体交叉，由于占地较少，在城市也得到一定使用。另外，因其形式美观，如果在城市外围的环路上采用，加之适当地绿化，也是较为合适的。

(5) X形立体交叉

X形立体交叉(图6-15、图6-16)各方向运行都有专用匝道，自由流畅，转向明确；无冲突点，无交织，通行能力大；适应车速高。但占地面积大，层多桥长，造价高，在城区很难实现。

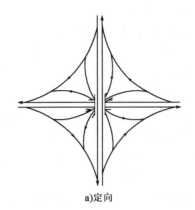 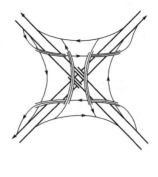

a) 定向 　　　　　　　　b) 对角左转匝道拉开布置半定向

图 6-15　X 形立体交叉示意

图 6-16　X 形立体交叉实例

(6) 迂回式立体交叉

迂回式立体交叉是延长左转车行线的一种形式,其特点是左转车辆需迂回绕行(图 6-17),直行车流均能迅速通过交叉口,占地比完全苜蓿叶式减少 20%~25%。但左、右转车辆均需要交织行驶一段距离,速度降低。左转绕行距离长,立交构筑物需建 3 座。

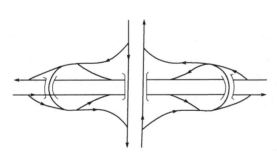 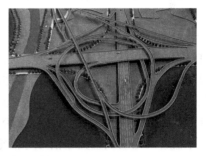

图 6-17　迂回式立体交叉示意及实例

迂回式立体交叉适用于主、次道路相交,主干路位于宽阔地带的情况。

(7) 涡轮式立体交叉(图 6-18)

当四岔道路各左转交通量大小相等,且小于 1500pcu/h 时,可采用左转匝道均为外转弯半直连式的涡轮形。

(8) 交织形互通式立体交叉

交织形互通式立体交叉常用的形式是环形立体交叉。环形立体交叉是由环形平面交叉加

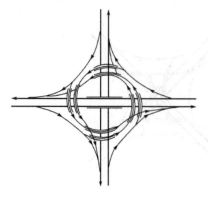

图6-18 涡轮形立体交叉示意

主干道的上跨或下穿构筑物构成(图6-19)。它能保证干道上的车流连续行驶,转向车辆沿着环岛逆时针交织行驶。其通行能力与行车速度受到环道交织段断面的限制。占地面积较小,并可分期修建,当交通量增大后,可将另一条干道的直行车辆通过上跨或下穿分离出去。

当采用环形立体交叉时,必须根据相交道路的性质进行比较研究,看环道的最大通行能力和所采用的中心岛尺寸是否满足远期交通量和车速的要求,布设时应让主线直通,中心岛可采用圆形、椭圆形或其他形式。

环形立体交叉适用于主要道路与一般道路交叉,以用于5条以上道路相交为宜。

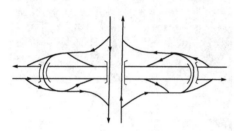

图6-19 环形立体交叉示意及实例

2. 部分互通式立体交叉

相交道路的车流轨迹线之间至少有一个平面冲突点的交叉称为部分互通式立体交叉。当个别方向的交通量很小或分期修建时,高速道路与次要道路相交或用地和地形等限制可采用此类立体交叉形式。

代表形式:菱形、部分苜蓿叶式等。

(1)菱形立体交叉

菱形立体交叉又称钻石形立体交叉(图6-20、图6-21)。它可保证干道上的车辆快速通行,具有高标准的单一进出口,简化了交通标志设置,进出匝道为直线便于转弯车辆行驶。右转车辆直接利用右转匝道十分方便,占地较少。但在次要道路与匝道连接处仍有平面交叉,每处尚有三个冲突点,且左转车辆与直行车辆产生交织,影响了通行能力和行车安全。因此,布设时应将平面交叉设在次线上,主线上跨或下穿应视地形和排水条件而定,一般以下穿为宜。次线上可通过渠化或设置交通信号等措施组织交通。

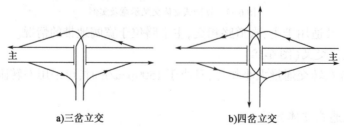

a)三岔立交   b)四岔立交

图6-20 菱形立体交叉示意

图 6-21　菱形立体交叉效果图

菱形立体交叉常用在城市内主、次干道相交且建筑面积受限制处。

(2) 部分苜蓿叶式立体交叉

部分苜蓿叶式立体交叉(图 6-22),可根据转弯交通量的大小或场地的限制,采用任一种形式或其他变形形式。这三种形式立交的主线直行车快速通畅;单一驶出方式简化了主线上的标志;只需修建一座立交桥,就能保证部分方向的车辆行驶方便;主要道路上的出入口均为立体交叉,平面交叉口应布置在次线上,布设时应使转弯车辆的出入尽可能少妨碍主线的交通,最好使每一转弯运行均为右转出入,不得已时应优先考虑右转出口。

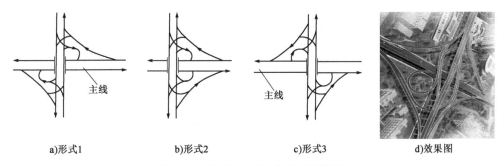

a)形式1　　　　b)形式2　　　　c)形式3　　　　d)效果图

图 6-22　部分苜蓿叶式立体交叉及效果图

部分苜蓿叶式立体交叉用地和工程费用较小,远期可扩建为全苜蓿叶式立体交叉。但相对菱形立体交叉占地较大,因此,只有当具备较大建筑面积时方可使用。

3. 世界立体交叉赏析(图 6-23)

a)天津中山门立交

b)上海某蝶形立交

c)绍兴某公铁立交

图　6-23

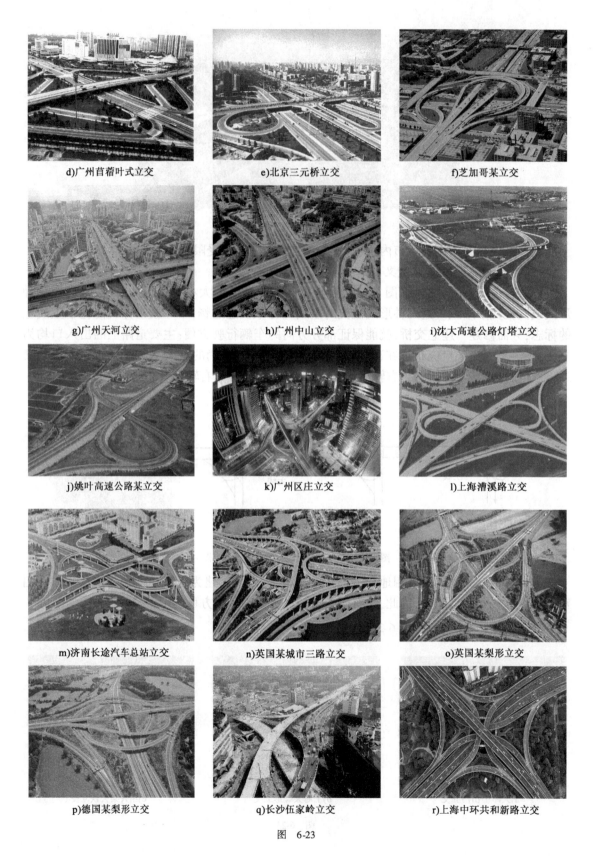

图 6-23

s)纽约Ⅰ-17公路立交　　　　t)洛杉矶公路立交　　　　u)郑州中州大道立交

图6-23　世界立体交叉赏析

(二)互通式立体交叉形式选择

互通式立体交叉形式选择的目的:是为提高行车效率和安全舒适性、适应设计交通量和设计速度、满足车辆转弯需要,并与环境相协调的立交形式,选型是否合理,不仅影响立交本身的功能,如通行能力、行车安全和工程经济等,而且对区域规划、地方交通的发挥及城市景观环境等都有重要的影响。

1.影响立体交叉选择的因素

立体交叉的形式主要取决于相交道路等级、交通量大小、计算行车速度、车辆组成、道路用地以及地形地物等条件,现分述如下:

(1)交道路等级

立体交叉的形式与相交道路等级有密切的关系,如高速道路与高速道路相交,则要求立体交叉能保证行车快速,连续通畅,此时可采用完全苜蓿叶式立体交叉或定向式立体交叉。

(2)交通量

交通量大要求线形标准高、路线短捷、纵坡平缓,使大量的车辆能走短捷而又平缓的道路,以达到最大经济效益,如两条道路交通量都很大时(包括直行与左转),则可选用定向式立体交叉。同时,要考虑远景交通量因素。

(3)交通组成

交通组成是指通过立体交叉的车辆种类,是单一机动车,还是机动车与非机动车同时存在,单向机动车中是以大型车为主,还是以小型车为主。不同车种其行车速度、爬坡能力、转弯半径等都是不相同的。

当机动车与非机动车交通量均很大的两条道路相交时,可采用四层式环形立体交叉,使机动车和非机动车各自成为独立系统(图6-24);当机动车与非机动车同时存在的不同等级的干道相交时,可采用双层式的长条苜蓿叶式立体交叉(图6-25),此种形式也可使机动车、非机动车各自成为独立系统。

(4)计算行车速度

计算行车速度也是立体交叉形式选择的条件之一,计算行车速度高,则要求立体交叉的等级和设计标准也高。为满足高速行车的要求,可选用定向式立体交叉,也可选用环形立体交叉。

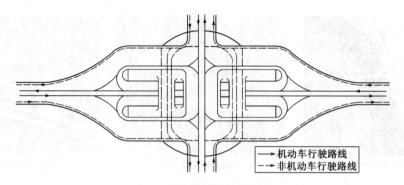

图 6-24　长条苜蓿叶式立体交叉

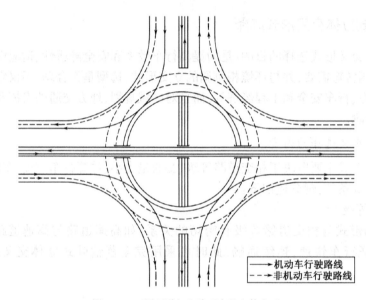

图 6-25　双层环道加上跨下穿的立体交叉

(5) 用地大小

可供使用的用地大小也影响到立体交叉的形式选用,尤其是在城市中心建筑密集地区,用地大小往往是决定立交形式的控制条件。因此,在用地受限制时,应首先考虑选择占地较小的立交类型,如菱形立体交叉、环形立体交叉等。

(6) 地形地物

地形地物也影响立交形式的选择,立交形式的选择应与所在地的自然环境条件相适应。当立体交叉处于狭长地带或拆迁建筑物的面积为带状时,可采用迂回式立体交叉。若立交叉的某一象限有重要建筑物不能拆迁,或受地形限制,则可采用部分苜蓿式立体交叉。

影响互通式立体交叉形式选择的因素归纳如图 6-26 所示。

2. 互通式立体交叉形式选择的基本原则

(1) 应根据路网布局和规划选型,尽量使一条道路上的互通式立体交叉形式统一,进出口的位置和形式保持一致性。

(2) 互通式立体交叉选型应考虑相交道路的等级、性质、任务和交通量等,确保行车安全通畅和车流的连续。

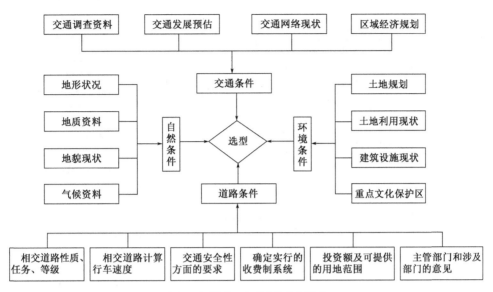

图 6-26 影响立交形式的基本因素

（3）互通式立体交叉选型应与所在地的自然条件和环境条件相适应，充分考虑区域规划、地形地质条件、可能提供的用地范围、文物古迹保护区、周围建筑物及设施分布现状等。

（4）互通式立体交叉选型应全面考虑近、远期结合，既要满足近期交通的要求，减少投资，又要考虑远期交通发展的需要和改扩建提高的可能，使前期工程为后期所利用。

（5）互通式立体交叉选型应考虑是否收费和实行的收费制式。

（6）互通式立体交叉选型要考虑工程实施，造型和工程投资两者兼顾，有利于施工、养护和排水，尽量采用新技术、新工艺、新结构，以提高工程质量、缩短工期和降低成本。

（7）互通式立体交叉选型要和匝道布置一并考虑，分清主次。

（8）选形应与定位相结合。

3. 立体交叉选择注意事项

（1）直行和转弯交通量均大，相交公路的计算行车速度较高并要求用较高的速度集散时，可采用定向式或半定向式立体交叉。

（2）相交公路等级相差较大，且转弯交通量不大时，可用菱形、部分苜蓿叶式或喇叭形。

（3）不设收费站的高速公路、一级公路相交时，可用苜蓿叶式。但其规模和用地较大，在无专用集散车道的情况下易出现交通阻塞和事故，应慎重选用。

（4）部分苜蓿叶式有两处相隔较近的平面交叉，对次线直行交通不利；当各向转弯交通量相差悬殊时，应在适当象限内布置匝道，将冲突减至最低程度。

（5）苜蓿叶式的环圈式匝道以单车道为宜。若交通量接近或大于单车道通行能力，则应采用半定向或定向匝道。

互通式立体交叉选型条件见表 6-4。

互通式立体交叉选型条件 表6-4

立交形式	计算行车速度（km/h）			交叉口总通行能力（辆/h）	占地面积（hm²）	相交道路等级及交叉口情况
	直行	左转	右转			
定向形立交	80~100	70~80	70~80	13000~15000	8.5~12.5	(1)高速公路相互交叉； (2)高速公路与市郊快速路相交
苜蓿叶式立交	60~80	30~40	30~40	9000~13000	7.0~9.0	(1)高速公路相互交叉； (2)高速公路与快速路、主干路相交； (3)用地允许的市区主要交叉口
部分苜蓿叶式立交	30~80	25~35	30~40	6000~8000	3.5~5.0	(1)高速公路与快速路、主干路相交； (2)苜蓿叶式立交的前期工程
菱形立交	30~80	25~35	25~35	5000~7000	2.5~3.5	(1)高速公路与次要公路相交； (2)快速路与主干路相交
三、四层式环形立交	60~80	25~35	25~35	7000~10000	4.0~4.5	(1)快速路相互交叉； (2)市区交叉口； (3)高等级公路与次要道路相交
喇叭形立交	60~80	30~40	30~40	6000~8000	3.5~4.5	(1)高速公路与快速路相交； (2)高等级公路相互交叉； (3)用地允许的市区交叉口
三路环形立交	60~80	25~35	25~35	5000~7000	2.5~3.0	(1)高等级公路相互交叉； (2)市区T形、Y形交叉口
三路子叶式立交	60~80	25~35	25~35	5000~7000	3.0~4.0	(1)高等级公路相互交叉； (2)苜蓿叶式立交的前期工程
三路定向形立交	80~100	70~80	70~80	8000~11000	6.0~7.0	(1)高速公路相互交叉； (2)地形适宜的双向分离式道路相交

三、立体交叉设计资料及设计步骤/Three-dimensional Crossover Design Data and Design Steps

（一）互通式立体交叉设计资料

在立体交叉设计之前，应通过实地勘测、调查收集下列设计所需设计资料：

（1）自然资料。收集或测绘立体交叉范围的1:500~1:2000的地形图，详细标注建筑物的建筑线、种类、层高、地上及地下各种杆柱和管线等地物；调查并收集用地发展规划、水文、地质、土壤、气候资料等。

(2)交通资料。包括所在区域路网结构及规划、综合交通运输体系及规划、交通量分布及其组成等。在设计的各个阶段应提供节点交通量分布图,明确节点个方向交通量大小、交通组成和交通发生源等。

(3)道路资料。调查相交道路的等级、平纵面线性、横断面形式和尺寸,相交角度、控制坐标和高程,路面类型及厚度;确定净空高度、设计荷载、设计速度及平纵横指标等。与铁路相交时,还应调查铁路的轨股数、间距、轨顶高程、列车通行次数、断道时间、净空和净高要求等资料。

(4)排水资料。收集立体交叉所在区域系统的排水系统现状及规划;调查各种管渠位置、埋深及尺寸等。

(5)文书资料。收集设计任务书,上级主管部门和地方政府的具体要求、意见及有关文件;相关技术标准和规范等资料。

(6)其他资料。调查取土、弃土和材料来源;施工单位、施工季节、工期、交通组织和安全等资料。

(二)互通式立体交叉设计步骤

(1)初定互通式立体交叉的基本形式。
(2)选择互通式立体交叉几何形状及结构。
(3)互通式立体交叉方案比选。

(三)立体方案的比较论证及比较

1.立体交叉规划论证

(1)立交形式统一性是否满足要求。

①一条道路上应避免平交立交交错布置:如连续多个立交却突然出现一个平交,或连续多个正常的左转平交却突然出现向右转入定向匝道的定向立交。

②出口的方式应该一致:一系列立交的匝道都是从右侧驶出和从右侧汇入,却突然夹杂一个匝道从左侧驶出或从左侧汇入的立交。

③立交出口的位置应该相似:一系列立交出口向右并在构造物之前,却突然出现一个出口在构造物之后,更差的是出口变成向左。

④出口的形式、标志设置、楔形端部设计等要一致。

(2)路线连续性是否满足以下要求。

①车道平衡;
②运行均匀性原理;
③维持基本车道数原理。

(3)立交位置的选定。

立交一般应选择在地势平坦开阔、地质良好、拆迁较少及相交道路具有较高的平纵线形指标处。

立交位置的选择基于以下条件:相交道路的条件、相交道路的任务、相交道路的交通量、地形条件、经济条件。

(4)互通式立体交叉的间距是否满足以下条件。
①能均匀地分散交通;
②满足交织路段长度的要求;
③满足标志和信号布置需要;
④满足驾驶员操作顺适的要求。

2. 立体交叉方案比较

(1)综合评价法

综合评价法是对建立的综合评价指标体系,借助运等学的层次分析法或模糊数学的方法或二者的结合使用,通过各影响因素权重的计算和综合分析比较,以寻求整体最优或较优的立交方案,作为决策的依据。

(2)技术经济比较法

技术经济比较法是直接计算各立交方案的技术、使用及经济指标值,对两项进行对比分析,选出最佳方案。

①技术指标:包括占地面积 F、以单车道计的匝道总长度 L_1、以单车道计的立交范围内主线全部车道长度 L、匝道路面面积 S_1、主线路面面积 S、以单车道计的跨线桥总长度 L_0、路基土石方体积 W。

②使用指标:包括汽车在相邻道路上两固定点间以设计速度左转运行时间 $T_左$ 和右转运行时间 $T_右$,以最佳车速计算的左转运行时间 $t_左$ 和右转运行时间 $t_右$。

③经济指标:包括立交范围的路基、路面及跨线构造物等的总造价 C,立交一年的养护费用 A,一年运输费用 B。

(3)环境协调与造型比较

评价立体交叉方案还需要考虑方案与周边环境协调问题及立体交叉方案造型问题,在立体交叉方案设计时就要考虑和周边环境协调因素,同时从艺术角度上优化立体交叉造型,让立体交叉不仅仅是一个交通构筑物,而且成为城市的一道风景线。

第三节 相交道路(主道)设计/Intersecting Roads(Main Road)Design

一、相交道路(主道)线形设计/Intersecting Roads(Main Road)Linear Design

相交道路的车辆通过立体交叉时,应与路段具有同样的行车条件。因此,立体交叉内的主道线形设计标准,不能低于相交道路的路段设计标准。

现将立体交叉中主道平面、纵断面、横断面和视距的设计标准分述如下。

(一)平面线形标准

在立体交叉处,相交道路尽量以直线及直角相交。当条件受限制必须在曲线上相交时,其平曲线最小半径应按计算行车速度计算,数值见表6-5,并按要求设置缓和曲线。

立体交叉主道的平面、纵断面线形指标　　　　　　表 6-5

计算行车速度(km/h)			120	100	80	60
最小平曲线半径(m)			1000~400	700~200	400~250	300~150
竖曲线最小半径(m)	凸	一般值	45000	25000	12000	6000
		极限值	23000(29000)	15000(17000)	6000(8000)	3000(4000)
	凹	一般值	16000	12000	8000	4000
		极限值	12000	8000	4000	2000
最大纵坡(%)			3~5	4~6	4.5~5.5	5~7

注:一般情况下不得小于上限,特殊情况下不得小于下限。

(二)纵断面线形标准设计

1. 纵断面线性标准

立体交叉主干道的纵坡应力求平缓,任何情况下都不应大于路段纵坡。

立体交叉范围内如有变坡点时,应设置竖曲线,其半径的大小,应根据凸凹竖曲线分别求取。凸形竖曲线半径应按保证停车视距的 2 倍距离进行计算;特殊困难情况下,也应保证普通视距的 1.5 倍。对于凹形竖曲线,白天不存在视距问题,但为了保证纵断面线形在视觉上的顺畅及缓和冲击,凹形竖曲线半径也应尽量取大一些,宜取最小值的 4 倍,特殊情况下也宜取其 2 倍。最小竖曲线半径数值见表 6-6。当在桥下遇有凹形竖曲线时,其半径应按满足视距条件进行验算。

2. 立交桥的视距

直行车道的纵断面无论在立交桥上或桥下,为了行车的安全都应满足行车视距的要求,无中央分隔带应满足会车视距的要求,有中央分隔带时只需满足停车视距的要求。其视距数值均应按相交道路在立体部分的计算行车速度计算。

在跨线桥上的视距计算方法与路段计算方法相同。但为下穿时,其视距则要受到跨线桥的阻挡,如图 6-27 所示。此时,应校核净空是否满足行车视距的要求。

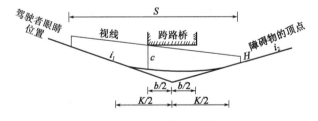

图 6-27 立交桥下的视距

根据视距验算下穿桥下的纵坡转折情况是否满足视距的要求,可按下列公式来校核:

$$\Delta i \leq \frac{4\left(c - \dfrac{h+H}{2}\right)}{S_{\min} - b} \quad (6\text{-}7)$$

式中:Δi——相邻两纵坡段的纵坡代数差(%);

$S_{\min}$——最小停车视距(m),根据不同的交通组织方式,按相应的视距公式计算;

c——桥下净空高度(m);
b——跨线桥的宽度(m);
h——驾驶员的视线高度(m),取 $h=2.2$m;
H——路面障碍物顶点高度(m)。

在式(6-7)中,若 $\Delta i \geq \dfrac{4\left(c-\dfrac{h+H}{2}\right)}{S_{\min}-b}$,则必须加大竖曲线半径才能满足视距要求,此时有以下两种情况。

(1)视距大于凹形竖曲线长度时,即 $S>K$ 时,可以采用式(6-8)来确定凹形竖曲线的最小半径 $R_{\min}$:

$$R_{\min} = \frac{2S}{\Delta i} - \frac{8\left(c-\dfrac{h+H}{2}\right)}{(\Delta i)^2} \quad (\text{m}) \qquad (6\text{-}8)$$

式中符号同式(6-7)。

(2)视距小于凹形竖曲线长度时,即 $S<K$ 时,则用式(6-9)来确定凹形竖曲线最小半径 $R_{\min}$:

$$R_{\min} = \frac{S^2}{8\left(c-\dfrac{h+H}{2}\right)} \quad (\text{m}) \qquad (6\text{-}9)$$

式中符号同式(6-7)。

(三)立体交叉道路的横断面

1. 纵断面线性标准

立体交叉道路的横断面形式和组成部分的宽度,主要根据相交道路的规划等级、远景交通量的大小、交通组成以及交通组织方式等要求来确定。

立体交叉的横断面,在城市内常用三幅路(三块板)或四幅路,在城市郊区和公路常用二幅路。在立交桥下二幅路和四幅路的横断面布置如图6-28所示。一般机动车道至少为四车道。每条车道宽3.50~3.75m。为行车安全,车道边缘距中央分隔带应有0.5~1.0m的安全带(路缘带),右侧路缘带宽0.5~2.5m。人行道宽度不小于2m。分隔带宽度一般为1~2m,如设置路灯时至少为1.5m,不设路灯时可为0.5m。

2. 立交桥的净空

立交桥下的净空高度应根据桥下道路性质、等级、通行车辆种类、运输情况以及交通部门的有关规定来确定。同时,还应考虑远景运输工具的发展变化等。

(1)机动车道的净高

机动车道的净空高度,应根据通过道路车辆的外廓尺寸、允许装载货物的高度而定。其净空高度至少为4.5m,如通行无轨电车应为5.0m,当有超高车(平板车上载挖土机)通过时,应根据实际高度确定。

(2)非机动车道净高

非机动车道净高一般为2.5~3.5m。

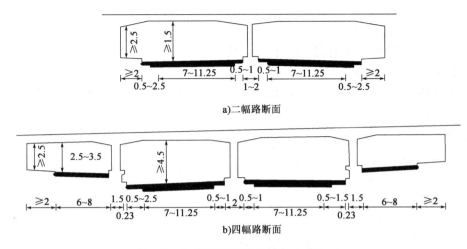

图 6-28 立交桥下道路横断面(尺寸单位:m)

(3)人行道净高

人行道净高至少为 2.5m,有条件时应采用 3.0m。

二、结构物的布设及形式/The Layout & Form of Structure

(一)要求

1. 对驾驶员感觉限制小

互通式立体交叉结构物的布设及形式都必须考虑给驾驶员以感觉限制最小,尽量使驾驶员并不感到是在立体交叉结构物上行驶,从而不会因感觉条件差而发生方向和速度失误的反常现象。这就要求立体交叉结构物在两个平面上都有足够的净空,所有结构物的墩、柱、桥台、护墙都要与车行道保持适当的距离。

2. 结构物应适应道路线形

立体交叉结构物应当在平、纵、横断面上适应道路的自然线形,也就是要求立体交叉结构物的设计要适应道路线形的变化,而不应该是道路线形来适应结构物,这样就可能出现弯桥、斜桥和坡桥,对此必须进行特殊设计。

3. 美观

立体交叉结构物主要出现在城市内和高等级道路上,结构物的形式既要适应当地环境,注意造型美观,又要力求简单,便于施工,以节省造价。

(二)上跨下穿形式选择

对修建立体交叉的地点应进行详细的研究,以便决定主要道路是上跨还是下穿。通常这种选择主要取决于地形或道路类型情况,一般要做几种设计方案进行比较,才能确定最合理的布置。

1. 下穿式立体交叉的优点

(1)可对行车提供警告和指示

当驾驶员驶进立体交叉口时,可看到前面的跨线桥和横交道路,一到交叉口就能顺利迅速地沿着要去的方向驶去。

(2)便于转弯车辆减速

当主要道路下穿时,车辆驶离干道时上坡,便于减速。

(3)节省土石方工程数量

可使干道接近现有地面没有变坡的情况布设,这不但节省土石方工程数量,而且可使较多的车辆行驶在较平缓的坡道上。

2. 上跨式立体交叉的优点

(1)直行交通的道路线形美观、视野开阔;

(2)易解决排水问题;

(3)桥梁跨径小;

(4)竖向净空不受限制;

(5)便于分期修建(上跨桥和路基先修一部分)。

(三)桥跨的形式

1. 桥跨两侧为实体式桥台和翼墙

这种结构物可作成单孔结构(图6-29)或双孔结构(图6-30),实体式桥台靠近直穿车行道,而且侧墙和上边的道路平行。但这种结构物的重型翼墙遮挡道路边坡线,使视距变短,不利于安全高速行车,而且也不利于分期修建。

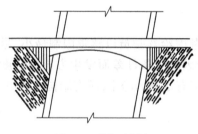 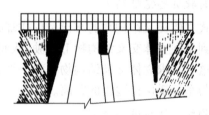

图6-29 单孔下穿桥　　　　　　　　图6-30 双孔下穿桥

2. 桥跨为开空式结构

这种结构是用两个边跨代替两个实体桥台结构(图6-31),用三个柱式中墩做成四跨。其优点是视野开阔,无侧向限制的感觉,并可排除夜间黑影造成的障碍,上部结构重量轻,边跨远离车行道,如位于城市地区;还可作为人行道使用。

3. 开空式桥台无中墩的结构

这种形式是上一种形式省去中墩而成为三孔下穿桥(图6-32)。取消中墩既保证行车安全,又可使视线开阔,便于观察交通信号和标志,还可增加道路的美观。但这种形式造价较高。

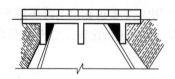 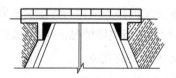

图6-31 四孔下穿桥　　　　　　　　图6-32 三孔下穿桥

(四)上跨道路的宽度

上跨桥桥面宽度是否与路同宽,主要取决于是"长"桥,还是"短"桥,以及交通量与通行能力的比率大小等条件。至于"长""短"桥如何划分,世界各国没有统一的标准,如美国认为桥长大于30m者叫长桥,小于30m者称短桥。

1. "长"桥与"短"桥

一般认为"短"桥桥宽应与道路同宽,"长"桥应比道路稍窄。因为桥梁跨径小造价低,桥与路同宽不会过分增加造价且能保证道路服务质量。而"长"桥跨径大造价高,故"长"桥宽度应在不影响交通服务质量条件下适当减窄。

2. 交通量与通行能力比率

美国的标准规定:当设计小时交通量和设计通行能力比率为0.75或以上,必须使桥与路同宽,但这往往使桥梁造价提高很多。

对于桥长与桥宽的合理关系,应通过对桥梁建设费用、运输费用、事故损失、以及桥梁日后改建损失等进行全面分析比较确定。

(五)跨线桥与路的连贯性

为了使路、桥在立体交叉范围内有良好连贯性和整体性,必须使桥头引道(匝道端部)、桥面和匝道三部分的宽度衔接好,不使路面边缘、中央分隔带边缘有任何突变。图6-33是一个互通式立体交叉路、桥连系的典型实例。

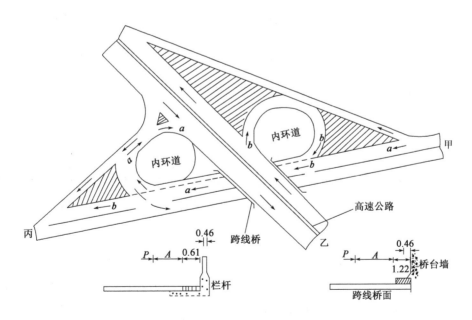

图6-33 跨线桥组成部分(尺寸单位:m)
P-车行道;A-辅助车道

第四节 立交匝道设计/Interchange Ramp Design

一、匝道的设计依据/Basis of Ramp Design

(一)设计速度

匝道的设计速度主要是根据立交的等级、转弯交通量的大小以及用地和建设费用等条件选定的。由于地形、用地及投资费用等限制,匝道的计算行车速度通常低于主线设计速度,但速度降低不宜过大,以免车辆在离开或驶入主线时急剧加速或减速,导致行车危险和不顺畅。匝道计算行车速度期望值以接近主线平均行驶速度为宜,当受用地或其他条件限制时,可适当降低,一般为主线速度的50%~70%。

公路立交和城市道路立交匝道设计速度的规定分别见表6-6、表6-7。

公路立交匝道设计速度 表6-6

匝道形式		直连式	半直连式	环形匝道
匝道设计速度 (km/h)	枢纽互通式立交	80、70、60、50	80、70、60、50、40	40
	一般互通式立交	60、50、40	60、50、40	40、35、30

注:1. 右转匝道宜采用上限或中间值。
2. 直连式或半直连式左转匝道宜采用上限或中间值。

城市道路立交匝道设计速度(单位:km/h) 表6-7

交叉口类型	部位	交叉口设计速度
立体交叉	主线	所属路线相应等级道路的设计速度v_d
	定向匝道、半定向匝道及辅道	$(0.6 \sim 0.7)v_d$
	一般匝道、集散匝道	$(0.5 \sim 0.6)v_d$
	菱形立交的平交部分	参考平面交叉的设计速度

注:v_d为道路设计速度,应符合现行国家标准规定。

(二)设计交通量

匝道设计交通量是确定匝道类型、计算行车速度、车道数、几何形状、平交或立交及是否分期修建等的基本依据。设计交通量主要依据相交道路的交通量,结合交通调查资料进行直行、左转、右转方向交通量分配得到。设计交通量计算方法计算公式与相交道路相同。

(三)通行能力

(1)匝道的通行能力

匝道的通行能力取决于匝道本身和出入口出的通行能力,以三者中较小者作为采用值。通常出口处和入口处的通行能力与匝道本身通行能力相比较小,故匝道的通行能力主要取决于受出、入口处通行能力,并受主线通行能力、车道数、设计交通量等影响。具体计算参考第六节内容。

(2)交织路段的通行能力

交织是互通式立交中常用的交通组织方式之一。如环形立交、部分或全苜蓿叶形立体交叉本身就存在交织运行。交织路段的通行能力主要与交织路段长度、行车速度及交织路段的交通量有关,其值可由计算行车速度和交织段长度求得。

二、匝道的线形标准/Linear Standards of Ramp

匝道平纵面线性应视觉连续、走向清晰,平纵面之间应相互协调。匝道平纵面线性设计应考虑全路段及相邻路段运行速度变化规律,平纵面线性及技术指标应与运行速度及其变化规律相适应。

(一)匝道平曲线半径

匝道的平曲线半径应根据可能占地面积选取,并应满足计算行车速度的要求,其计算公式为:

$$R = \frac{v^2}{127(f + i_y)} \tag{6-10}$$

式中:R——平曲线半径(m);

v——计算行车速度(km/h);

f——横向力系数;

i_y——超高。

公路匝道圆曲线半径不应小于表6-8的规定值。在积雪冰冻地区,匝道圆曲线半径不应小于表中的一般值。

公路立交匝道圆曲线最小半径 表6-8

匝道设计速度(km/h)		80	70	60	50	40	35	30
圆曲线最小半径(m)	一般值	280	210	150	100	60	40	30
	极限值	230	175	120	80	50	35	25

不设超高的匝道圆曲线半径不应小于表6-9的规定值。当反向横坡超过2.5%时,应另行计算确定。

不设超高的公路立交匝道圆曲线最小半径 表6-9

匝道设计速度(km/h)		80	70	60	50	40	35	30
不设超高的圆曲线最小半径(m)	反向横坡≤2.0%	2500	2000	1500	1000	600	500	350
	2.0%≤反向横坡≤2.5%	3350	2600	1900	1300	800	600	450

公路、城市道路立交匝道圆曲线最小半径、回旋线参数及长度见表6-10~表6-13。

城市立交匝道圆曲线最小半径(单位:m) 表6-10

匝道设计速度(km/h)		80	70	60	50	40	35	30	25	20
积雪冰冻地区		—	—	240	150	90	70	50	35	25
一般地区	不设超高	420	300	200	130	80	60	45	30	20
	$i_{max}=0.02$	315	230	160	105	65	50	35	25	20
	$i_{max}=0.04$	280	205	145	95	60	45	35	25	15
	$i_{max}=0.06$	255	185	130	90	55	40	30	25	15

注:不设缓和曲线的匝道圆曲线极限最小半径与不设超高情况相同。积雪冰冻地区超高不大于4%。

公路立交匝道回旋线参数及长度 表6-11

匝道设计速度(km/h)	80	70	60	50	40	35	30
回旋线参数 A(m)	140	100	70	50	35	30	20
回旋线长度(m)	70	60	50	40	35	30	25

城市道路立交匝道回旋线参数及长度 表6-12

匝道设计速度(km/h)	80	70	60	50	40	35	30	25	20
回旋线参数 A(m)	135	110	90	70	50	40	35	25	20
回旋线长度(m)	75	70	60	50	45	40	35	25	20

城市道路立交匝道平曲线、圆曲线最小长度 表6-13

匝道设计速度(km/h)	80	70	60	50	40	35	30	25	20
平曲线最小长度 A(m)	150	140	120	100	90	80	70	50	40
圆曲线最小长度(m)	70	60	50	45	35	30	25	20	20

(二)加宽

匝道的平曲线半径一般较小,故大部分情况需考虑对路面进行加宽。加宽数值应根据车辆类型尺寸、车道加宽度以及平曲线半径等计算而定。应在平曲线内侧加宽,如加宽量很大时,也可在内侧、外侧同时加宽。

我国《城市道路工程设计规范(2016年版)》(CJJ 37—2012)规定,当圆曲线半径 $R<250m$,应在圆曲线内侧加宽,每条车道加宽值见表6-14。

圆曲线每条车道的加宽值(单位:m) 表6-14

车型	圆曲线半径(m)								
	$200<R$ $\leqslant250$	$150<R$ $\leqslant200$	$100<R$ $\leqslant150$	$60<R$ $\leqslant100$	$50<R$ $\leqslant60$	$40<R$ $\leqslant50$	$30<R$ $\leqslant40$	$20<R$ $\leqslant30$	$15<R$ $\leqslant20$
小型车	0.28	0.30	0.32	0.35	0.39	0.40	0.45	0.60	0.70
普通汽车	0.40	0.45	0.60	0.70	0.90	1.00	1.30	1.80	2.40
铰接车	0.45	0.55	0.75	0.95	1.25	1.50	1.90	2.80	3.50

(三)匝道的纵断面设计

匝道是联结相交主道的坡道。上、下主道的高差一般较大,为节省用地和减少拆迁,并考虑到匝道的车速较低,故匝道的纵坡可取大一些。若机动车与非机动车混行时,考虑到非机动车的行车要求,其纵坡不宜大于3%。

(四)匝道的横断面

匝道的宽度与匝道的交通组织方式和交通量的大小有关。根据车流方向及交通性质,匝道可分为单向、双向和双向设分隔带三种(图6-34)。根据车流的组成,匝道又可分为机动车与非机动车混行和分行两种。

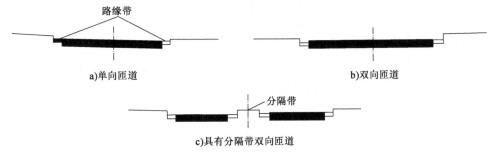

图 6-34 匝道横断面布置

1. 机动车与非机动车混行匝道

(1) 双向行驶。机动车至少两条车道,宽 7.5~8m;两侧非机动车道宽均需 2.5~3.5m,总宽为 12.5~15m。

(2) 单向行驶。机动车道宽 3.75m,非机动车道宽 2.5m,考虑车辆发生故障,停车总宽至少为 7m。

2. 机动车与非机动车分行匝道

(1) 机动车双向行驶,匝道宽至少为 10.5m。

(2) 机动车单向行驶,匝道宽至少为 6.5~7.0m。

(3) 非机动车专用匝道,匝道宽至少为 6~8m。

三、匝道连接设计/Ramp Connection Design

(一) 匝道的连接方式

匝道的基本形式有右转匝道与左转匝道,其连接方式如下:

1. 右转匝道

右转匝道的车流方向一般较简单,车流可直接从干道右侧分出,转弯进入相交道路(图 6-35)。

2. 左转匝道

左转匝道根据左转车流行驶路线的不同布置方式,有不同的左转匝道的形式,主要有 4 种。

(1) 直接式(定向式)匝道

左转车辆从左侧直接分叉,左转到相交道路后,从左侧汇入车流,称为直接转向。该形式路线短捷,但从左侧汇入车流不利安全,如图 6-36 所示。

(2) 半直接式(半定向式)匝道

① 左出右进式匝道[图 6-37a]。

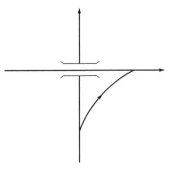

图 6-35 右转匝道

左转车辆从左侧直接驶出后左转弯,到相交道路时由右侧驶入,称为半直接转向。此时路线较长,有利安全汇入。

② 右出左进式匝道[图 6-37b]。

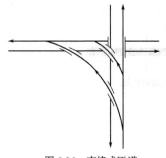

图 6-36 直接式匝道

左转车辆从右侧右转驶出,在匝道上左转,到相交道路后直接由左侧驶入。

③右出右进式匝道[图 6-37c)]。

左转车辆都是右转驶出和驶入,在匝道上左转改变方向,到相交道路后直接由右侧驶入。

(3)间接式匝道

①小环道。

小环道的 4 种形式如图 6-38 所示。

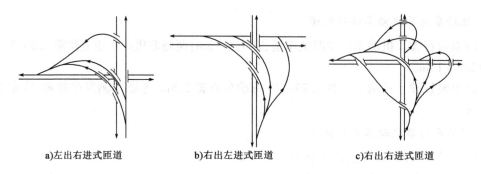

a)左出右进式匝道　　b)右出左进式匝道　　c)右出右进式匝道

图 6-37　半直接式匝道

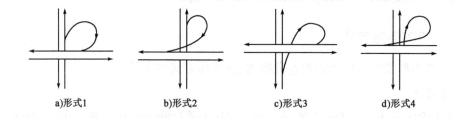

a)形式1　　b)形式2　　c)形式3　　d)形式4

图 6-38　小环道

a. 车辆过交叉点后,从主线右侧驶出,变左转为右转,转向 270°,形成一个环道。

b. 匝道从右侧驶出、右侧驶入,不需设置任何构造物就能达到独立左转的目的,经济、安全。

c. 小环道绕行路线长,一般平曲线半径较小,适合通行车辆的速度较低,通行能力较小;小环道半径较大时,占地较多。

②迂回式匝道。

迂回式匝道是一种先右转行驶一定距离后,再回头转 180°的左转匝道,由于绕行路线长,称迂回式匝道。迂回式匝道通常被布置为长方向,当用地受限时可以考虑采用。

(4)环形匝道(间接式)

环形匝道是用一环路连接,左转车流通过立体交叉后,从右侧离开干道,沿环路右转 270°达到左转目的(图 6-39)。该方法不需要设置构造物,但匝道线性指标差。

(二)车道数量及均衡原则

为满足相交道路分、合流交通需要,互通式立体交叉道路和匝道所需车道数,除必须满足交通量需求外,还要考虑下列条件。

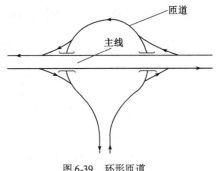

图 6-39　环形匝道

(1)分流点和合流点处的车道应保持平衡。

当车流从一个方向驶过分流点后而分成两个方向时(图6-40),或者车流从两个方向驶过合流点后而驶向同一方向时,前者的车流量必然会因分流而变少,而后者因合流而变多。为了适应车流量的这种变化,并使分流点和合流点处的车道充分发挥其理论通行能力的效果,达到预期的使用效率,在分流点和合流点处的车道数应保持平衡,其关系式如下:

$$N_C \geqslant (N_E + N_F) - l \tag{6-11}$$

式中:N_C——未到分流点以前(或超过合流点以后)干道上的车道数(条);

N_E——超过分流点以后(或未到合流点以前)干道上的车道数(条);

N_F——超过分流点以后(或未到合流点以前)匝道上的车道数(条)。

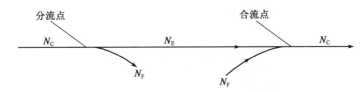

图 6-40　分流点和合流点处车道数保持平衡的示意

(2)分流点和合流点处的车道数不仅应保持平衡,还应保持"基本车道数"。

所谓"基本车道数",是指干道必需的车道数。在设计立体交叉时,干道上的车道数如有变化,则不应少于所必需的基本车道数(图6-41)。

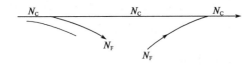

图 6-41　分流点和合流点车道数保持平衡的计算图式

在分流点和合流点处,要保持车道数平衡,又要保持基本车道数,这两者是有矛盾的,其解决办法是在分流点以前和合流点以后的干道上,增设辅助车道(图6-42),这样,既保持了基本车道数,也保持了车道数平衡。

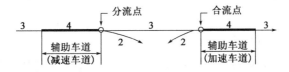

图 6-42　分流点和合流点车道数保持平衡与保持基本车道数示意

四、匝道连接端的布置/Ramp Connection Arrangement

匝道的连接端,即匝道与干道的连接部分,由变速车道、过渡端及分流点交通岛等组成。

(一)分流点、合流点端部的布置

1. 分流点交通岛(导向岛)的布置

在分流点处需设置分流岛,并用路面标线引导行驶路线[图6-43a)]。

交通岛可用缘石围成,转角处半径可为0.6~0.9m。在交通岛内可种植不影响视线的灌木丛,预防冲撞,并引导视线。

2. 合流点交通岛的布置

在加速车道终端进入干道地段,需设置合流端的交通岛[图6-43b)]。合流岛前端的夹角做成锐角,便于车流汇合,端点部的转角做成小圆角,半径以采用0.25~0.5m为宜。

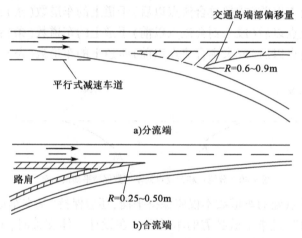

图6-43 分流与合流端交通岛示意

干道坡度与匝道坡度应在入口前接顺,在连接处的视距三角形以干道100m和匝道上60m的范围绘制,在此范围内不许有任何遮挡视线的障碍物存在。

(二)出口或入口横断面的布置

出口或入口匝道同干道连接处的横断面要求平顺,没有突变。其形式由于连接处线形条件不同而不同,基本形式如下:

1. 干道为直线或干道与匝道弯曲方向一致

当干道为直线或干道与匝道弯曲方向一致时[图6-44a)、b)],匝道与干道的横坡倾斜方向应一致。

2. 干道与匝道弯曲方向相反

当干道与匝道弯曲方向相反时[图6-44c)],从切点起为满足超高的设置,干道与匝道的横坡倾斜方向相反,其超高计算方法与平曲线超高计算方法一样。

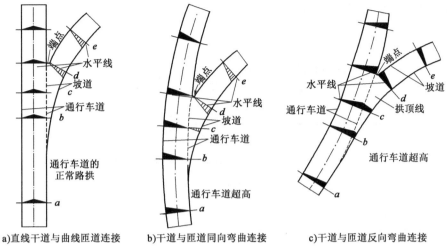

a)直线干道与曲线匝道连接　　b)干道与匝道同向弯曲连接　　c)干道与匝道反向弯曲连接

图 6-44　干道与匝道连接处横断面示意

五、变速车道设计/Variable Speed Lane Design

为使车辆在分流或合流时加减速不在正线进行,从而保证正线的正常交通条件,并保分、合流顺利进行,应在匝道的出入端增设一段车道,供车辆变速行驶,此即为变速车道。

(一)变速车道的形式

变速车道可分为平行式与直接式两种。平行式是在干道直行车道之外增设一条车道(宽度一般不小于3.75~4.00m)[图6-45a)、c)],并在端部做成斜锥形(三角形渐变段)与干道相连接。直接式不设平行段,由干道出入口始点直接斜插逐渐加宽成一条附加车道与匝道相接[图6-45b)、d)]。

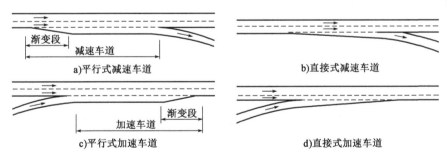

a)平行式减速车道　　　　　　　b)直接式减速车道

c)平行式加速车道　　　　　　　d)直接式加速车道

图 6-45　变速车道示意图

平行式变速车道车辆行驶轨迹呈反向曲线,因此,对行车不利,但利于边行驶、边寻找汇合的机会,有利合流。直接式的优点是线形与行车轨迹较吻合,车速不受影响,但车道起点不易识别,为此,必须在变速车道前用路面标线明显表示合流地点,以方便行车。

(二)变速车道尺寸

1.变速车道宽度

变速车道一般只有一条车道。由车行道、右侧路肩(包括路缘带)、左侧路缘带及干道的右侧路缘带组成,其宽度如图 6-46 所示。

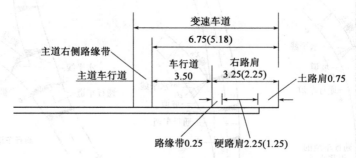

图 6-46　变速车道的组成和宽度(尺寸单位:m)

2. 变速车道长度

变速车道总长度为车辆变速行驶距离与三角端长度之和。

变速行驶距离长为:

$$l = \frac{v_1^2 - v_2^2}{26a} \quad (\text{m}) \tag{6-12}$$

式中:v_1——干道的计算行车速度(km/h);
　　　v_2——匝道的计算行车速度(km/h);
　　　a——加速度或减加速度(m/s²),加速度可采用 1m/s²,减速度可采用 1.5m/s²。

三角端长度为:

$$l_K = \frac{v}{3.6}t \quad (\text{m}) \tag{6-13}$$

式中:t——车辆横移一条车道所需时间(s),一般每秒横移 1m;
　　　v——计算行车速度(km/h)。

变速车道长度不小于表 6-15 的要求。

变速车道长度　　　　　　　　　　　　　　表 6-15

行车速度 (km/h)	匝道计算行车速度(km/h)							
	20	25	30	35	40	45	50	60	70
减速车道长度(m)								
120	—	—	—	—	145	140	130	110	90
80	—	—	95	90	85	80	70	—	—
60	80	75	70	65	60	50	—	—	—
50	60	55	50	45	—	—	—	—	—
40	40	35	—	—	—	—	—	—	—
加速车道长度(m)								
120	—	—	—	—	300	300	270	240	210
80	—	—	230	220	200	200	180	—	—
60	220	210	200	190	180	150	—	—	—
50	120	110	100	80	—	—	—	—	—
40	60	50	—	—	—	—	—	—	—

注:表列数值选用于纵坡≤2%。

(三)变速车道的布置

变速车道应布置在干道的直线段,纵坡较小、视界良好的地方,以保证行驶车辆有良好的交会条件。加速车道末端不应设置路缘或障碍物,以免驾驶员在不能进入高速车道时发生危险。

平行式变速车道一般由渐变段(斜锥部分)起到分流点交通岛止,直接式变速车道则是从渐变段宽度达到 1.0~1.8m 处开始,仍是到分流点交通岛为止。直接式变速车道过渡段按外边缘斜率控制。驶出端过渡段外边缘斜率为 1/15~1/20(驶出角接近 4°~3°),驶入端则为 1/30(驶入角接近 2°)。

第五节 立交通行能力及服务水平分析/Analysis on Traffic Capacity & Service Level of Overpass

一、计算行车速度/Driving Speed Calculation

(一)直行车速

立体交叉的直行车流一般是主要车流,为保证直行车流的快速通过,其计算行车速度应接近路段的计算行车速度。但考虑到立体交叉出入口交通组织复杂,车流变化不易估计准确,并且车流在路口处交织合流行驶,因此,为保证行车安全,立体交叉直行车速通常稍低于路段。对于不同的立体交叉形式,可以采用不同的计算行车速度。

(1)分离式立体交叉和定向式互通式立体交叉,或设有集散道路的互通式立体交叉,其直行车道的计算行车速度可用相交道路的计算行车速度。

(2)苜蓿叶式立体交叉,如转弯车辆较少,直行车速可采用相交道路计算行车速度的 80%~90%。

(3)环形立体交叉,由于它的几何形状特点,直行车流与左、右绕行车流混合行驶,互相产生干扰,直行车流必然受到较大的影响,故直行车流的计算行车速度必须按环道的计算行车速度考虑。

(二)转弯车速

1.影响转弯车速的主要因素

立体交叉的转弯车速与转弯车的流量大小、地形地物条件、行车条件等有关。当转弯交通量比重较大时,为了提高通行能力,提高匝道的计算行车速度是必要的。若受用地或地形限制时,匝道的计算行车速度可以适当降低。匝道的计算行车速度,可综合以下几方面分析选用。

(1)满足最佳车速要求。

为确保行车安全和通行能力,匝道的计算行车速度一般不宜小于最大通行能力时的车速(即最佳车速),同时也不宜大于载重汽车满载时最大车速。

最佳车速 $v_{佳}$ 可用以下简化公式计算：

$$v_{佳} = \sqrt{\frac{L + L_0}{C}} \quad (m/s) \tag{6-14}$$

式中：L——车身长(m)；

L_0——安全距离(m)；

C——制动系数，一般取 $0.15 \sim 0.30 s^2/m$。

(2)行驶条件不同的匝道应分别确定其计算行车速度。

根据转弯车辆的不同行驶条件分别确定匝道的计算行车速度，如左、右转车辆共同使用一条匝道，则应采取同一计算行车速度；当左、右转车流分设专用车道时，应分别采用不同的计算行车速度。这样，可以提高右转车辆的行车速度，当有特殊要求时，其匝道的计算行车速度也要相应提高，使之具有良好的行车条件。

(3)适应匝道形式与交通组织。

匝道的计算行车速度还要根据有无分隔带、是否快、慢车分行，以及横断面的不同布置等情况来确定。

2. 匝道计算行车速度的推荐值

匝道的计算行车速度，一般可参考表6-16所列数值选用。

匝道的计算行车速度(单位：km/h)　　　　　　　　　　　表6-16

相交道路的计算行车速度	相交道路的计算行车速度				
	120	80	60	50	40
120	50~60	—	—	—	—
80	40~60	40~50	—	—	—
60	40~50	35~45	30~40	—	—
50	—	30~40	25~35	20~30	—
40	—	—	20~35	20~30	20~25

注：表列高值为推荐值，地形条件特殊困难时可采用低值。

二、交通量与服务水平/Design Traffic Capacity and Service Level

(一)设计交通量

设计交通量是指远景设计年限的交通需求量。在工程可行性研究阶段，公路立体交叉方案设计可采用年平均日交通量。年平均日交通量应采用主线交通量预测年限或立体交叉建成通车后第20年的预测交通量。在设计阶段，公路立体交叉设计应采用以设计年限的年平均日交通量为依据而得到设计小时交通量，并应符合下列规定：

(1)设计小时交通量宜采用年第30位小时交通量，也可以根据交叉功能和当地小时交通量的变化特征采用20~40位小时之间最为经济合理时位的小时交通量，设计小时交通量按式(6-15)计算。

$$DDHV = AADT \times K \times D \tag{6-15}$$

式中：DDHV——设计小时交通量(辆/h)；
AADT——年平均日交通量(辆/d)，按测站连续观测一年的交通数量除以365；
K——设计小时交通量系数，根据交通公路功能、交通量、地区气候和地形条件确定；
D——方向不均衡系数，根据当地交通量观测资料确定，当资料缺乏时，可在50%~60%范围内选取。

K、D的数值应根据实际调查数值为准，当缺乏观测资料时可参考表6-17数值选用。

K、D数值　　　　表6-17

项目	交叉位置	
	郊外	城市
K	0.12~0.15	0.09~0.12
D	0.60~0.70	0.50~0.60

(2)互通式立体交叉设计应提供节点交通量分布图，明确各方向和各路段的设计小时交通量。

(二)服务水平

公路立体交叉范围内的交叉公路、匝道、分流区、合流区、交织区和集散道服务水平分为6个等级。交叉公路设计服务水平应按相应公路功能及等级选取；匝道、分流区、合流区、交织区和集散道的设计服务水平可比主线低一级，但不应低于四级。

当设计服务水平采用四级时，匝道基本路段单车道和双车道的设计通行能力可由表6-18确定。

匝道基本路段的设计通行能力　　　　表6-18

匝道设计速度(km/h)		80	70	60	50	40	35	30
设计通行能力(pcu/h)	单车道	1500	1400	1300	1200	1000	900	800
	双车道	2900	2600	2300	2000	1700	1500	1300

三、通行能力分析/Traffic Capacity Analysis of Overpass

互通式立体交叉的不同部分，其通行能力是不同的。互通式立体交叉的通行能力受主线和匝道本身通行能力及主线与匝道连接处通行能力的影响，同时还涉及与其相关的平面交叉点、交织段通行能力的影响等。其中，匝道通行能力能否满足设计交通量的需求是问题的关键。

(一)主线(直行车道)的通行能力

由于互通式立体交叉相互之间的距离一般约在5km以上，可以认为交叉口对车流行驶无影响，因此，可把通过立体交叉的车流当作连续车流来看待，并以此来计算干道的通行能力。

1. 一条机动车道的可能通行能力

在一条机动车道上同向行驶的车流中，前后相邻车车头之间的距离称为车头间距离(m)，如图6-47所示,如用时间表示时称为车头时距(s)。一条机动车道的路段可能通行能力可用车头间距或车头时距两种方法计算确定。

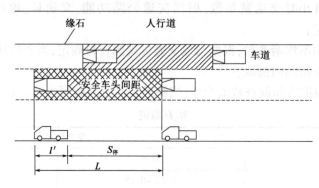

图6-47 同向安全车头间距示意

(1)按车头间距计算

假设机动车在一条车道上无障碍无延滞地以匀速$v(\mathrm{km/h})$连续不断地依次行驶,前后相邻两车间保持安全行驶所必需的最小纵向间距为L(即安全车头间距,m),则该车道理论上可能达到的通行能力N_p为:

$$N_\mathrm{p} = \frac{1000v}{L} \quad (辆/\mathrm{h}) \tag{6-16}$$

由式(6-16)可见,一条车道的可能通行能力取决于行驶速度和车头间距的比值。

如图6-44所示,$L = l' + S_停$。其中:

$$S_停 = \frac{v}{3.6}t + \frac{v^2}{254(\varphi \pm i)} + l_0$$

$$L = l' + \frac{v}{3.6}t + \frac{v^2}{254(\varphi \pm i)} + l_0$$

$$N_\mathrm{p} = \frac{1000v}{L} = \frac{1000v}{l' + \frac{v}{3.6}t + \frac{v^2}{254(\varphi \pm i)} + l_0} \tag{6-17}$$

式中:v——设计速度(m/s);

t——驾驶员反应时间(s),可取$t = 1.2\mathrm{s}$;

φ——汽车轮胎与路面的纵向摩擦系数,见表6-19;

l'——车身长度(m),小客车为5m,载重汽车为12m,铰接车为18m;

l_0——安全距离(m),后车车头与前车车尾间的安全距离,可取3~5m;

i——车行道纵坡(%),上坡为"+",下坡为"-"。

轮胎与路面间的纵向摩擦系数φ 表6-19

路面状况	干燥、清洁	潮湿、泥泞	结冰
纵向摩擦系数	0.5~0.7	0.3~0.4	0.1~0.2

若考虑前车的制动距离,设前车的制动距离为$S_{制前}$,后车的制动距离为$S_{制后}$,则纵向最小纵向"安全车头间距"L为$L = l' + \frac{v}{3.6}t + S_{制后} + l_0 - S_{制前}$,若$S_{制前} = S_{制后}$,则有$L = l' + \frac{v}{3.6}t + l_0$,

此时通行能力 N_p 为：

$$N_p = \frac{1000v}{L} = \frac{1000v}{l' + \frac{v}{3.6}t + l_0} \quad （辆/h） \quad (6-18)$$

(2) 按车头时距计算

假设一条车道上的连续车流各车之间均以最小安全间隙匀速行驶，相邻各车通过道路某一断面时的车头时距为 t_i，则理论上一条车道的可能通行能力 N_p 为：

$$N_p = \frac{3600}{t_i} \quad （辆/h） \quad (6-19)$$

其中：

$$t_i = \frac{L}{v} = \frac{l' + \frac{v}{3.6}t + \frac{v^2}{254(\varphi \pm i)} + l_0}{v} = \frac{l' + l_0}{v} + \frac{t}{3.6} + \frac{v}{254(\varphi \pm i)}$$

2. 一条机动车道的设计通行能力

由于可能通行能力是在较理想的状态下道路通行能力的计算结果，如按此交通量作为设计交通量将不利于未来道路的管理，降低道路服务水平。因此，对于不同等级道路，考虑到道路使用功能和服务水平，应通过道路分类系数对可能交通能力进行修正，进而得到一条机动车道的设计交通能力 N_m，即：

$$N_m = \alpha_c N_p \quad （辆/h） \quad (6-20)$$

式中：α_c——机动车道的道路分类系数，见表 6-20。

机动车道的道路分类系数 表 6-20

道路分裂	快速路	主干路	次干路	支路
α_c	0.75	0.80	0.85	0.90

立交主线一条车道可能通行能力与设计通行能力可参考表 6-21。

主线一条车道通行能力 表 6-21

设计速度(km/h)	100	80	60	50	40	30	20
基本通行能力	2200	2100	1800	1700	1650	1600	1400
设计通行能力	2000	1750	1400	1350	1300	1300	1100

3. 路段设计通行能力

当单向车道数为多条时，考虑到行驶速度及不同车道之间的影响，相应车道的通行能力应予以折减。靠近分隔带的车道通行能力最大，右侧同向车道通行能力将予以折减，车道序号修正系数见表 6-22。

机动车道的道路分类系数 表 6-22

车道序号	1	2	3	4	5
α_i	1.0	0.80~0.89	0.65~0.75	0.50~0.65	0.40~0.50

路段设计通行能力 N_m 为：

$$N_m = \alpha_c N_p \sum_{i=1}^{n} \alpha_i \quad （辆/h） \quad (6-21)$$

(二)匝道的通行能力

匝道的通行能力取决于下列三值中的最小值:
(1)匝道入口端点(由匝道进入干道部分)通行能力。
(2)匝道本身的通行能力。
(3)匝道出口端点(离开干道进入匝道部分)通行能力。

通常入口端点和出口端点的通行能力同匝道本身通行能力相比是很小的,故可以说匝道的通行能力取决于入口端点与出口端点的通行能力,而这一通行能力受到干道通行能力、车道数、交通量和匝道相互距离等的影响。参考美国《道路通行能力手册》,对匝道出入口处通行能力的计算图式可有以下 6 种情况:

(1)进入单向双车道干道的单车道入口匝道[图 6-48a)]

$$\begin{cases} V_r = 1.13V_D - 154 - 0.39V_f \\ V_r = 2V_D - V_f \end{cases} \quad (6-22)$$

采用以上公式计算结果中的较小值。

式中:V_r——匝道入口处的通行能力(辆/h);

V_f——干道单向合计交通量(辆/h);

V_D——干道每一车道的设计通行能力(辆/h)。

(2)离开单向双车道干道的单车道出口匝道[图 6-48b)]

$$V_r = 1.92V_D - 317 - 0.66V_f \quad (6-23)$$

(3)进入单向三车道干道的单车道入口匝道[图 6-48c)]

$$\begin{cases} V_r = V_D + 120 - 0.244V_f \\ V_r = 3V_D - V_f \end{cases} \quad (6-24)$$

采用以上公式计算结果中的较小值。

(4)离开单向三车道干道的单车道出口匝道[图 6-48d)]

$$V_r = 1.76V_D + 279 - 0.062V_f \quad (6-25)$$

(5)进入单向三车道干道的双车道入口匝道[图 6-48e)]

$$\begin{cases} V_r = 1.739V_D + 357 - 0.499V_f \\ V_r = 3V_D - V_f \end{cases} \quad (6-26)$$

采用以上公式计算结果中的较小值。

(6)离开单向三车道干道的双车道出口匝道[图 6-48f)]

$$V_r = 1.76V_D + 279 - 0.062V_f \quad (6-27)$$

(三)交织区段的通行能力

交织区段的通行能力与交织区段长度、行车速度、交织区段的交通量有关。可参考美国《道路通行能力手册》所推荐的交织区段长度与交织交通量的关系图(图 6-49)。

立体交叉中若有平面交叉存在时,其通行能力的计算方法同平面交叉的通行能力计算方法一样。

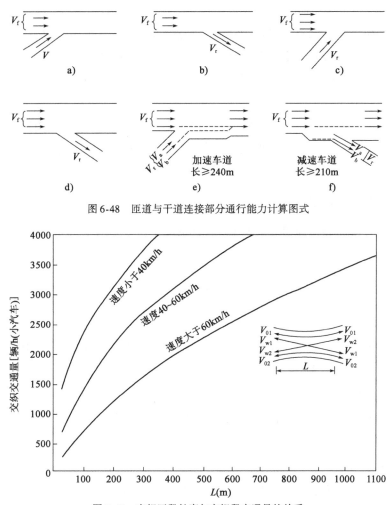

图6-48 匝道与干道连接部分通行能力计算图式

图6-49 交织区段长度与交织段交通量的关系

L-交织段长度;V_{w1}、V_{w2}-内外侧交织区段的交通量;V_{01}、V_{02}-内外侧非交织交通量

第六节 立体交叉设计方法、步骤及设计示例/Design Methods, Steps & Samples of Three-dimensional Crossing

一、立体交叉设计方法与步骤/Design Methods & Steps of Three-dimensional Crossing

（一）搜集基础资料

交通资料和自然资料对于立体交叉形式的选择和几何特征都有很大的关系,因此必须全面、系统地搜集。

1. 交通资料

交通资料应搜集年平均日交通量、高峰小时交通量、交通类型和组成、流向、流量、各年交通量增长率或增长量等资料。若立体交叉位于城市,还必须同时搜集非机动车和行人流量。设计时按最不利的"组合"交通量作为依据。

2. 自然资料

测绘交叉口地形地物图(比例1:500或1:1000),图上应注明交叉口四周各种建筑物的建筑线、建筑物种类、面积、层高、土壤地质、地下水位、地下管线,以及立体交叉所在地段今后建设的发展规划。

(二)预估设计交通量

根据交通量资料和今后建设发展规划,估算出远景设计小时交通量,并估算出交叉口相交道路的流向、流量。

(三)初步设计

1. 拟订方案

在最大限度地满足交叉口交通流向、流量和地形、地物要求的条件下,拟定若干立体交叉设计方案(按一定比例,用单线绘出)。

2. 方案分析比较

把所有拟定的设计方案用简图绘好以后,对每一方案进行概略的分析比较,从中选出2～3个方案详细研究。

3. 初步绘制平面图

初步平面图应按比例绘制,在图上注明各种尺寸,如车行道、人行道、非机动车道、分隔带等宽度,干道、匝道长度,转弯半径,桥梁、地道、天桥、交通岛等的位置,并附有相应纵断面图。

(四)最佳方案的选定

1. 几何特征与运行特性

方案比较主要比较各个设计方案的以下方面:

(1)适应性——满足行车、行人方便程度;
(2)实施可行性;
(3)几何设计条件——平、纵、横断面设计标准;
(4)通行能力;
(5)运行特征——交通组织、行车速度与行车平稳性;
(6)分期修建的可能性;
(7)经济效益等。

从中选择最佳方案(推荐方案)。

2. 投资效益

(1) 投资费用:包括拆迁、路基、路面、结构物、照明、绿化、地下管线、地面杆线、交通标志和养护费用等。

(2) 效益值:包括直接和间接经济效益,直接经济效益如节约运输费用,缩短运行时间、提高通行能力、增加行车速度和减少事故等费用;间接经济效益如适应国防要求、扩大旅游、改善环境,便利人民群众生活。

投资费用与效益值均算出后,对二者进行比较,效益比大者,为较好的方案。投资效益比可用式(6-28)表示。

$$E = \frac{B}{C} = \frac{\frac{B_t}{(1+i)n}}{\sum_{t=1}^{n} \frac{C_t}{(1+i)n} + I_0} \quad (6\text{-}28)$$

式中:E——投资效益比;

B_t——年度效益(元/年);

C_t——年度投资(元/年),包括维修、小修费用;

I_0——初期投资额(元);

n——建设年限(年);

t——投资年度(年);

i——年利率(%)。

(五) 技术设计

根据选定的最佳方案(推荐方案),在详细测量的基础上进行立体交叉的各细部设计(详细技术设计),最后作出施工图、说明书和预算。

二、郑州市西四环—科学大道立体交叉方案设计/The Design Program of Zhengzhou West Fourth Ring Road-Science Avenue Three-dimensional Crossing

(一) 概述

四环作为郑州市"环形+放射"式路网总体系对外快速通道中的一环,必须满足远距离过境交通的需求;还作为中心区与对外快速交通衔接的城市内部快速通道,仍须满足车辆快速集散的交通需要。

科学大道现状为双向八车道主干路,远期规划为城市快速路。按照规划,科学大道为郑州市"十八横二十三纵"快速路系统中的一横,东西贯穿西部新城、主城区及东部新城,是一条重要的东西发展轴线。

该立交是两条城市快速路交叉节点,是东部新城、主城区、西部新城东西向交通与西四环南北向交通重要的交通联系节点,交通转换需求大,定位为枢纽互通式立交。立交的主要功能是实现快速路系统间的交通流快速转换。

(二)远景(2038年)交通量的预测

根据《城市道路工程设计规范(2016年版)》(CJJ 37—2012)的规定,城市主干路交通量达到饱和状态的设计年限为20年,次干路为15年,支路为10~15年。综合考虑郑州市快速路路网规划、该项目的功能定位、道路等级等因素,交通量预测以建成年为基准年,确定该项目交通量预测特征年为2019年、2028年和2038年(表6-23)。

该项目交通流量预测特征年　　　　　　表6-23

道路名称	道路等级	交通流量预测年限		
郑州市四环线快速路	城市快速路	预计建成年	中期目标年	远期目标年
		2019年	2028年	2038年

交通预测主要采用国际国内常用的经典模型——"四阶段"法,即出行发生、出行分布、交通方式划分和交通量分配。每一阶段针对不同的预测对象、内容,以现状调查结果及规划资料为依据,通过交通预测软件(TRANSCAD),建立与其相对应的预测模型,最后通过计算机程序,采用多次分配的方式对车辆OD进行叠加,对研究范围内路网进行交通量分配预测。

1. 交通量调查

OD调查(全称"机动车起讫点调查")是调查项目所在区域人和物的出行动向,了解其发生和终止,获得车型、载重、货类、方向、交通量等资料,为预测远景交通量提供依据,同时也为经济评价和公路设计采集基础数据。该项目OD数据为全市交通量调查,表6-24、表6-25提供的交通量历史数据作为校核所用。

2013年交通量调查(科学大道)　　　　　　表6-24

时段	小货	中货	大货	特大货	拖挂	小客	大客	汽车小计
早高峰7—9时	115	143	257	60	152	2902	108	3737
晚高峰17—19时	142	186	232	153	136	2818	90	3757
全天自然数合计	1241	1970	2610	1158	1636	19669	636	28920
全天当量数合计	1241	2955	5220	3474	4908	19669	954	38421

2015年交通量调查(科学大道)　　　　　　表6-25

时段	小货	中货	大货	特大货	拖挂	小客	大客	汽车小计
早高峰7—9时	123	132	189	47	91	3278	89	3949
晚高峰17—19时	222	148	328	128	172	2799	92	3889
全天自然数合计	1913	1420	3009	947	1324	20972	729	30314
全天当量数合计	1913	2130	6018	2841	3972	20972	1093.5	38939.5

经历史交通量数据与全市OD调查数据校核,该次交通量预测所采用的OD调查数据客观准确。

2. 交通量预测

项目年平均日交通量(各车型各特征年)一览表、快速路基本路段和其他等级路段一条车道基本通行能力分别见表6-26~表6-28。

项目年平均日交通量(各车型各特征年)一览表(单位:pcu/d)　　　　表6-26

道路		小客	大客	小货	中货	大货	特大	客车	货车	自然量	折算量
2019年											
西四环	主线	34081	2384	2151	1722	2583	1300	37657	13801	44222	51458
	地面	26075	1824	1646	1318	1976	995	28811	10559	33833	39369
2023年											
西四环	主线	39652	2774	2503	2004	3006	1513	43813	16057	51451	59871
	地面	30338	2122	1915	1533	2299	1158	33522	12286	39366	45808
2028年											
西四环	主线	45224	3164	2854	2285	3428	1725	49970	18314	58680	68283
	地面	34603	2421	2184	1748	2623	1320	38234	14012	44899	52247
2033年											
西四环	主线	50843	3557	3209	2569	3854	1940	56178	20589	65971	76767
	地面	38898	2721	2455	1965	2949	1484	42979	15752	50472	58732
2038年											
西四环	主线	56461	3950	3563	2853	4280	2154	62386	22864	73261	85250
	地面	43193	3022	2726	2183	3274	1648	47725	17491	56045	65216

快速路基本路段一条车道基本通行能力　　　　表6-27

设计速度(km/h)	100	80	60
基本通行能力(pcu/h)	2200	2100	1800
设计通行能力(pcu/h)	2000	1750	1400

其他等级路段一条车道基本通行能力　　　　表6-28

设计速度(km/h)	50	40	30	20
基本通行能力(pcu/h)	1700	1650	1600	1400
设计通行能力(pcu/h)	1350	1300	1300	1100

城市道路路段设计通行能力(或实用通行能力)可根据一个车道的理论通行能力进行修正来获得。对理论通行能力的修正应包括车道数、车道宽度、自行车的影响及交叉口的影响4个方面。即：

$$N_a = N_0 \cdot \gamma \cdot \eta \cdot C \cdot n' \qquad (6-29)$$

式中：N_a——单向设计通行能力；

N_0——一条机动车道基本通行能力；

γ——非机动车与行人干扰修正系数，取1.0；

η——车道宽度影响修正系数；

C——交叉口影响修正系数；

n'——车道数修正系数。

本项目部分自行车影响修正系数的取值为1，平面交叉口影响修正系数取，车道宽影响修正系数η的取值见表6-29。

机动车道宽度修正系数					表 6-29
车道宽度(m)	3.75	3.5	3.25	3	2.75
车道宽影响系数 η	1	1	0.94	0.84	0.77

车道修正系数 n' 可根据车道利用系数确定。根据国内外研究结果,参照上海市工程建设规范《城市道路设计规程》(DGJ 08—2106—2012)可采用表 6-30 中的车道修正系数。

机动车道数修正系数					表 6-30
车道数	1	2	3	4	5
车道数修正系数 n'	1	1.85	2.6	3.2	3.7

平面交叉影响修正系数 C 为:

$$\begin{cases} C = \lambda & s \leqslant 200\text{m} \\ C = \lambda(0.0013s + 0.73) & s > 200\text{m} \end{cases}$$

根据以上分析,将上述确定的基本参数代入基本公式,即得到不同车道数时的路段的单向通行能力。

3. 机动车交通量预测

从路网结构来看,西四环作为快速环线,科学大道作为贯穿东西向的放射线,两个方向直行交通量均较大,立交节点主要承担过境交通和环内车辆交通分流转换,服务范围较广。根据交通量预测结果,立交主要转向交通为东—南方向,西—南方向次之,但各个转向交通量差别不大,相对较为均衡。远期 2038 年高峰小时交通预测数据如图 6-50 所示。

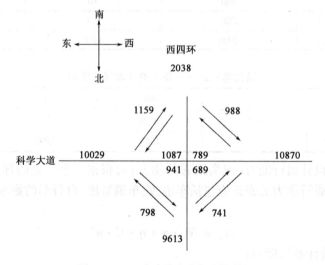

图 6-50 2038 年高峰小时交通预测图

(三)主要设计技术指标

主路:西四环线高架双向八车道,地面双向八车道,高架宽度为 33.5m,道路红线宽度为 80m,绿线宽度为 180m,城市快速路设计速度为 80km/h,地面城市主干路设计速度为 50km/h。
被交路:科学大道现状为双向八车道主干路,道路红线宽度为 50m,绿线宽度为 135m,远期规划为城市快速路,主线为双向六车道高架快速路,设计速度为 60km/h,地面为双向六车道主干路,设计速度为40km/h。

匝道:单向单车道匝道为9m(适用于环形匝道,半径为55m),设计速度为40km/h;单向双车道匝道为10m,设计速度为50km/h。

桥下净空:快速路、主干路机动车为5.0m,非机动车为3.0m,人行道为2.5m。

(四)方案设计

1. 方案构思

根据对路网结构和立交节点的交通流量流向的分析,立交方案构思如下:

(1)西四环为城市快速路,科学大道现状为双向八车道主干路,远期规划为城市快速路。相交两条道路分别是郑州市西部南北向和东西向交通的重要通道,直行交通量较大,其交通安全性、顺畅性、便捷性至关重要,直行车辆采用立交形式通过。

(2)科学大道远期规划为城市快速路,目前尚未开展实质性工作,加之科学大道沿线两侧限制条件较多,不宜设置为第三层,拟采用西四环高架上跨科学大道高架。

(3)由于地铁8号线沿科学大道北侧敷设,西四环站沿科学大道布置在红叶路路口,主体结构及区间对互通立交布设影响较大,经与地铁设计单位沟通,初步确定调整8号线区间线位略北移,并将西四环站主体结构调整至红叶路西侧;同时考虑避免交口东北象限郑州大学体育馆的拆迁,设计将整个立交匝道尽量往向南布设,从而最大限度减少对现状及地铁线路的影响。

(4)考虑到长椿路与科学大道交叉口处地铁1号线与8号线换乘站已施工,远期科学大道在该处设置高架较为困难,科学大道东侧拟定高架跨越郑州大学交叉口后,在长椿路前落地,未来科学大道在该处需采用地面快速路形式;科学大道西侧拟定高架跨越紫竹路后,于须水河东路东临时落地,未来可根据规划采用高架或地面快速路。

2. 方案拟定

(1)方案一(涡轮型枢纽互通)

结合路网分析及交通量预测,立交各个转向交通量差别不大,较为均衡,方案一采用涡轮型枢纽互通立交设计:科学大道主线快速路为整体式断面,双向六车道高架桥,位于立交第二层,西四环主线快速路采用整体式断面,双向八车道高架上跨科学大道,位于第三层,各左转匝道均采用上跨科学大道主路和下穿西四环主路。地面设置灯控平交口以满足地面主干路交通出行及慢行过街需求。立交节点主要层次布设如下:

第一层,西四环和科学大道的地面层,设置为信控平交,所有机动车辆、非机动车及行人均可直行和转弯行驶。

第二层,新建科学大道高架桥。

第三层,新建西四环高架桥。

立交布置各左转半定向匝道均利用二、三层空间,采用上跨科学大道高架和下穿西四环高架的形式衔接,各右转匝道利用展线空间与左转匝道进行连接,形成涡轮型枢纽立交。

立交范围内西四环高架标准断面全宽33.5m,双向八车道;科学大道高架标准断面全宽26.5m,双向六车道;立交各匝道均采用双车道断面,宽度为10m。

西四环高架快速路设计速度为80km/h,地面主干路设计速度为50km/h;科学大道高架快速路设计速度为60km/h,地面主干路设计速度为40km/h;匝道设计速度均采用50km/h。立交范围内主线最小圆曲线半径为2000m,最大纵坡为1.8%;科学大道平面为直线,最大纵坡为3.9%(西侧临时落地段);匝道最小圆曲线半径为130m,最大纵坡为3.9%。

双车道变速车道设置方式原则上按直接式变速车道处理。减速车道及渐变段总长不小于210m,加速车道及渐变段总长不小于315m。

方案一共占地538.5亩❶,拆迁建筑物7550m²,新建桥梁。效果图如图6-51所示。

图6-51 西四环—科学大道立交方案一效果图

优点:

立交功能齐全,通行能力较高;

所有方向采用半定向匝道,平面线形指标好。

缺点:

立交用地规模相对较大,东北象限对现状设施有一定的影响;

立交跨线桥工程量大,工程造价高。

(2)方案二(部分苜蓿叶型枢纽互通)

结合交通量预测结果,立交节点西北象限交通量相对较小,且东南象限用地预留较为富余,方案二采用部分苜蓿叶型全互通立交:科学大道主线快速路为整体式断面,双向六车道高架桥,位于立交第二层,西四环主线快速路采用整体式断面,双向八车道高架上跨科学大道,位于第三层,除西向北左转匝道采用环形匝道外,其余各左转匝道采用半定向匝道上跨科学大道高架和下穿西四环高架。地面设置灯控平交口以满足地面主干路交通出行及慢行过街需求。

立交节点主要层次布设如下:

第一层,西四环和科学大道的地面层,设置为信控平交,所有机动车辆、非机动车及行人均可直行和转弯行驶。

第二层,新建科学大道高架桥。

第三层,新建西四环高架桥。

---

❶ 1亩=666.6m²,后文不再赘述。

立交布置各左转半定向匝道均利用二、三层空间,采用上跨科学大道高架和下穿西四环高架的形式衔接,环形匝道及各右转匝道利用展线空间进行连接。

比较方案除环形匝道外,其他技术指标与推荐方案基本相同。该立交环形匝道采用单车道断面,宽度为9m,设计速度采用40km/h。半定向匝道最小圆曲线半径为135m,环形匝道最小圆曲线半径为55m,最大纵坡为4%。环形匝道变速车道均采用平行式,减速车道及渐变段总长不小于130m,加速车道及渐变段总长不小于210m。

方案二共占地530亩,拆迁建筑物7550m^2,新建桥梁151115.79m^2。平面图如图6-52所示。

图6-52 西四环—科学大道立交方案二平面图

优点:东北、西北、西南象限用地均有所降低;减少立交各匝道跨越次数,立交规模相对较小。缺点:东南象限用地有所增加;设置一处环线匝道,平面线形指标差,通行能力相对较低。

(五)方案比较

方案比较情况详见表6-31。

立交方案比较　　　　　　　　　　　表6-31

序号	项目	方案一	方案二
1	立交形式	涡轮型枢纽互通	部分苜蓿叶型枢纽互通
2	交通功能	全互通交通转换功能	全互通交通转换功能
3	平纵线形	平纵线形超高较高,匝道最小半径130m;最大纵坡:主线1.8%、匝道3.9%	匝道最小半径120m,环形匝道55m;最大纵坡:主线1.8%、匝道4%
4	对现状道路影响	中央分隔带6m拓宽至10m	中央分隔带6m拓宽至10m
5	施工期间交通影响	增设保通	增设保通
6	拆迁建筑物	7550m^2	6530m^2
7	总用地	538.5亩	530亩
8	桥梁面积	154480.7m^2	151115.79m^2

两个方案立交形式和技术标准基本一致,方案二将西向北方向匝道调整为环形匝道,缩小立交规模,但通行能力相对较低;方案一采用涡轮半定向互通式立交,功能齐全,通行能力强,用地节省,符合规划对该节点的定位。选用方案一为推荐方案。

三、南京市中央门立体交叉方案设计/The Design Program of Nanjing Zhongyangmen Three-dimensional Crossing

(一)概述

中央门是南京市的北大门。其东面是南京火车站;南面通往市中心;西面是南京西站、中山码头、长江大桥,并通往苏北各地;北面通往北郊工业区。该交叉口还是上海到乌鲁木齐的312国道和北京到福州的104国道的必经之地。

中央门广场由二条干道相交所组成,其东面韶山路、南面中央路、西面建宁路和北面中央北路均为主干路。

(二)远景(2000年)交通量的预测

1. 机动车交通量预测

中央门广场历年机动车交通量列入表6-32。其中已将混合车辆换算为当量车(解放牌货车)。

中央门历年机动车统计表　　　　表6-32

时间	混合车(辆/h)	解放牌货车(辆/h)	时间	混合车(辆/h)	解放牌货车(辆/h)
1971年4月	862	845	1978年10月	1407	1379
1972年11月	923	906	1979年9月	1638	1605
1973年5月	814	798	1980年12月	1722	1686
1974年10月	1053	1032	1981年9月	1559	1528
1975年12月	1300	1274	△1982年9月	1029	1006
△1976年5月	843	826	1983年	1773	1737
1977年10月	1581	1549			

注:△表示在推算交通量时舍弃。

按下列方法推算远景交通量 Y。

(1)按对数公式计算

$$Y = \frac{b}{1 + ce^{-at}} \quad (辆/h) \tag{6-30}$$

式中:a、b、c——常数;

t——年限(从统计交通量年开始至远景年限时间)。

按上述公式,根据中央门广场相交的两条道路均为主干路,计算行车速度为60km/h,机动车道数按远景规划均为双向四车道,沿途修正系数取 0.8,远景年限为 2000 年,以及历年统计的交通量资料,把式(6-30)化成直线方程($Y = A + Bt, A = \ln C, B = -a$),然后列表计算交通量 Y 与年限 t 的关系,得出高峰小时交通量随时间变化的公式为:

$$Y = \frac{6227}{1 + 7.0287 e^{-0.09254t}} \tag{6-31}$$

远景 2000 年高峰小时交通量为:

$$Y = \frac{6227}{1 + 7.0287 e^{-0.0925 \times 3t}} = 433(辆/h) \tag{6-32}$$

(2)按直线方程计算

$$Y = a + bt \tag{6-33}$$

式中:a、b——常数;
　　　t——年限(同上)。

按历年统计交通量 Y 与年限 t 进行回归分析(列表)求得 a、b 常数后,代入式(6-33)得:

$$Y = 724.73 + 92.375t(辆/h) \tag{6-34}$$

远景 2000 年高峰小时交通量为:

$$Y = 724.73 + 92.375 \times 30 = 3496(辆/h) \tag{6-35}$$

两种方法计算结果相近,为留有余地,采用对数公式的计算数值,取 4400 辆/h(解放牌货车)为计算依据。

(3)流向流量分布

交叉口流向流量分布情况列入表 6-33。

中央门广场机动车流向流量分布统计表　　　表 6-33

项目	方向															
	东				南				西				北			
	左	右	直	合计	左	右	直	合计	左	右	直	合计	左	右	直	合计
车辆数(辆/h)	62	77	158	397	92	173	206	471	91	70	137	298	75	105	190	370
百分比(%)	40.8	19.4	39.8	100	19.5	36.7	43.8	100	30.5	23.5	46.0	100	20.3	28.4	51.3	100

2. 非机动车交通量预测

非机动车交通量,根据有关统计资料和远景出行骑自行车比例,得出自行车的设计小时交通量为 11111 辆/h。

3. 人流量预测

考虑现状人流和建设中央门商场后人流量的增加,最后得出每一行人过街道的人流量为 0.98 万人次/h。

4. 绘制交叉口流向流量图

按照表 6-33 的数据绘制交叉口远景的机动车流向流量图(图 6-53)。同理,亦可绘制远景的非机动车流向流量图。

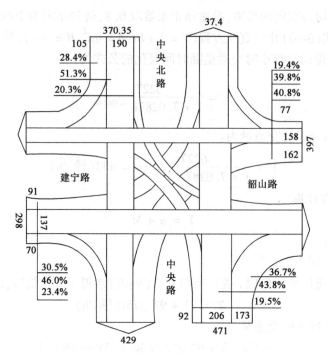

图 6-53 交叉口流向流量图(单位:辆/h)

(三)主要设计技术指标

(1)计算行车速度。相交道路路段为 60km/h,立体交叉干道为 50km/h,匝道或环道为 25~30km/h。

(2)桥下净空。无轨电车为 5.0m,机动车为 4.5m,非机动车为 3.0m,人行道为 2.5m。

(3)车道宽度。机动车道每条为 3.5~3.75m。

匝道宽度:机动车为 7.0m,非机动车为 6.0m,人行道为 5.0m。

(四)方案设计

1. 第一方案——三层式环形立体交叉(图 6-54)

(1)方案说明

第一层(上层)供东西方向(建宁路—韶山路)直行机动车跨行驶,第二层(中层)为环形交叉,供 4 条道路的左、右转机动车和直行、左转、右转的非机动车混合行驶,第三层(下层)专供南北方向(中央路—中央北路)直行机动车下穿行驶。

(2)方案特征

①东西方向和南北方向的直行机动车道分别设置在地道和跨线桥上,保证满足直行机动车辆顺直快速行驶和通行能力较大的要求。

②供混合行驶的环道仅低于原地面 0.30m,非机动车在外侧行驶,与四周建筑物出入口的衔接较好。

③人行道基本上布置在最外侧的原地面上,行人出入建筑物很方便。

④立体交叉最高点仅高于原地面7.61m,与四周建筑物协调配合较好,立面美观。
⑤投资最省,约988.8万元。
⑥可以分期投资,东西向上跨道路可在第二期修建。
⑦左转车辆绕行距离长,机动车与非机动车混合行驶,互相有干扰,转盘(环道)行车速度仅达到25km/h左右。

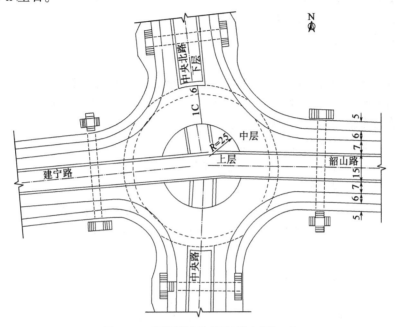

图6-54　三层环形立体交叉(尺寸单位:m)

2.第二方案——三层全分离式高架环形立体交叉(图6-55)

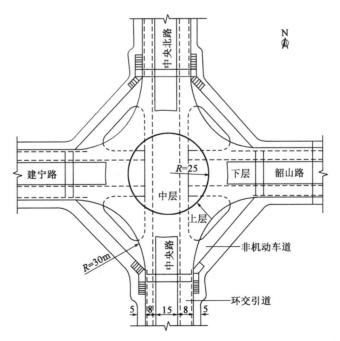

图6-55　三层全分离式高架环形立体交叉(尺寸单位:m)

(1) 方案说明

下层为东西直行机动车道，下挖5.48m。中层为南北直行机动车道，左、右转机动车辆由高架道路进入上层环道上。非机动车道设置在机动车辆左、右转通道的下层(宽6m)，进入交叉口后，右转非机动车走右转匝道，直行与左转非机动车辆布置在直行机动车道的两侧(用护栏分隔开)，通过相交道路后，直行非机动车直接向前行驶，左转非机动车则转入对向右转非机动车专用通道。人行道设置在最外侧，布置在原地面上。行人过街道。东西方向各设天桥一座，南北方向各设地道一条。

(2) 方案特征

①所有交通与所有车流方向全部分离行驶，对车辆和行人交通很安全。

②直行车辆交通分别设置在下层与中层，左、右转车辆交通设在上层，使得直行道路纵坡平缓，有利于直行车辆交通缓坡、顺直行驶。

③直行、右转非机动车辆绕行距离短。

④人行道设置在原地面与四周建筑物联系方便。

⑤通道用地较窄，仅需41m。

⑥立交桥最高点仅高于原地面4.47m，四周建筑物易布置并且协调。

⑦通道要修建高架路，投资较大(1554万元)，日照、采光、噪声等对附近居民有影响，美观上欠缺一些。

(五) 方案比较与选择

通过对方案的可行性研究，即对方案几何特征与运行特性分析比较和从投资费用与效益值的详细计算分析，得出结果，列入表6-34。

中央门立体交叉设计方案技术经济指标比较　　　　表6-34

项目	第一方案(三层环形立体交叉)		第二方案(三层全分离式环形立体交叉)	
	简要说明	指标	简要说明	指标
(1) 与四周建筑物联系	环道基本在原地面(高出0.30m)，与四周联系较为方便	B	环道基本在原地面(高出0.10m)，与四周联系很方便	A
(2) 允许最大车速(km/h)	50(干道) 25(环道)	B	52(干道) 25(环道)	A
(3) 行车安全与方便性	左、右转机动车与非机动车混行有交织点	B	机动车与非机动车完全分离	A
(4) 允许通行能力 车辆(辆/h) 行人(人次/h)	7400(机动车) 18400(非机动车) 66000(行人)	A	7118 24000 60000	B
(5) 最大纵坡(%)	4.0(机动车) 0.5(非机动车)	A	4.5 2.6	B
(6) 占地面积(m²)	55000	A	56000	B
(7) 总投资值(万元)	988	A	1554	B

续上表

项目	第一方案(三层环形立体交叉)		第二方案(三层全分离式环形立体交叉)	
	简要说明	指标	简要说明	指标
(8)总效益值(万元)	1780	B	2260	A
(9)效益比	1.8	A	1.45	B
(10)施工难易程度	容易	A	较为复杂	B

从表中可以看出第二方案最突出的优点是机动车与非机动车分离,行车安全,但投资大,效益比小且施工较为复杂,实施可能性也比第一方案差,故选用第一方案为最佳方案(推荐方案)。

四、延安路—南北高架立交设计示例/Design Example of Yan'an Road—North-South Elevated Interchange

(一)立交概况

1. 立交等级

延安路—南北高架立交位于成都路、延安路交叉口,是市中心的重要交通节点。延安路是横穿上海市中心城区高架系统东西向的交通主干道,东接延安路隧道复线与浦东陆家嘴地区相连,西至虹桥国际机场和沪青平高速公路。南北高架是一条纵贯市中心区南北向的城市主干道,往南穿越黄浦江与浦东济阳快速路连接,往北至南北高架延伸线,与彭浦工业区和宝钢地区连接。延安路—南北高架立交不仅是连接这两条干道的交通枢纽,而且是上海市高架系统申字形骨架的中心点。因此,该立交是市区高架系统中最重要的交通枢纽工程之一,它的建成将对高架系统安全、畅通、快速运行起到极其重要的作用。根据立交所处的地理位置、相交道路的等级和在路网中的重要性,立交等级确定为互通式立交1级。

2. 设计标准

立交主线设计速度为60km/h,匝道为30km/h;主线净空为5.2m,主线最小半径为1000m;匝道净空为4.5m,匝道最小半径为55m;主线最大纵坡为4.16%,匝道最大纵坡为5.5%。

3. 选型依据

(1)用地条件

南北高架与延安路高架轴线间呈斜交72°,规划红线均控制在65m范围内,交叉口规划半径仅为80m。立交四周建筑物稠密,有8层高的浦东大楼,多幢5层楼新工房,其余大多为2~3层的老式砖房,在交叉口西南象限紧贴红线有2幢24层新建高程建筑,立交占地很小,设计条件极为苛刻,立交方案的取舍受地形约束较大。

(2)交通量预测

根据上海市交研所提供的交通流量预测资料,该立交远期2020年立交高峰小时流量为12683pcu/h,南北高架与延安路高架的交通比重2020年为54:45,南北高架流量略大于延安路高架流量。南北高架的直行流量占进口总流量的58%,延安路高架的直行流量占进口总流量的53%,因此首先应保证该节点直行车流的流量。

(3) 设计原则

该节点为高架系统的中心,应为各个方向的交通提供互通、便利、安全的条件;在不破坏立交总体造型、不增加桥下净空的前提下设置人行设施,以确保行人安全通行。由于该立交地处闹市中心,它不仅是一项交通设施,也应成为市中心区的建筑景点和公共绿地;同时考虑到该地区位于市中心黄金地段,建筑密度大,土地价值高,立交方案应尽量减少拆迁量和用地。

4. 立交总体布置

根据上海市总体规划,结合交通发展需求及特殊设计环境,立交形式曾作过多方案比选,最终选择了全定向型互通式立交方案。总体布置为:第一层为地面道路,第二层为东西向延安路高架主线,与延安路隧道连接纵向起伏高差较小,第三层为南北高架转向延安路高架的左、右转匝道,第四层为延安路高架转向南北高架的左、右转匝道,顶层为南北高架。图 6-56 为建成的延安路—南北高架定向型互通式立交。

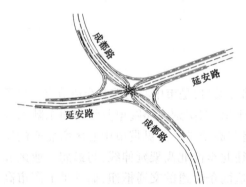 

图 6-56 延安路—南北高架互通式立体交叉平面布置图及实景

(二)特点分析

该立交的特点如下:

(1)保证了主车流快速、便捷通过该节点,高架之间通过 8 条互不干扰的定向匝道连接,线形流畅,路线短捷,无交织,通行能力大,能满足远期交通发展的需求。

(2)占地少,拆迁量较小,为了节约用地,使左转匝道不做迂回转弯,而是设置在道路中心交点的左侧,虽然增加了立交的高度,但用地仅为 12.7 亩。

(3)考虑到中央部位层次多,墩柱集中,为使地面行车不受墩柱的阻碍和影响驾驶员视距,在中央设置了一根独柱墩,承托起 2 条直行和 4 条左转的车道,以减少墩柱,使整个立交结构紧凑,确保地面行车的顺畅。造型有"一柱擎天"的感觉,气势宏伟,景观效果很好。

(三)运用后评价

该立交基本满足设计通行能力要求,但由于该节点是两条高架的交会点,转向流量非常强大,随着交通流量的增加,转向流量往往影响直行流量的通行。建议以后在考虑类似立交的设计中,注意分、合流点车道数平衡和立交区间直行车道与主线车道保持基本车道数连续的问题,必要时在分、合流处主线增加辅助车道。

五、真北路—武宁路立交设计及改造示例/Design & Retrofit Examples of Zhenbei Road-Wuning Road Interchange

(一)立交概况

1. 立交等级

真北路立交位于真北路和曹安路交叉口,同时又是沪宁高速公路上海的出入口。真北路是该市西北地区仅有的两条干道之一,又是市区通向外省市公路的主要联系通道,是位于内环线和外环线之间城市辅助环的一部分。曹安路是嘉定、安亭地区以及江苏省出入上海市区312国道的入城干道,又是曹杨新村、真如地区居民出行的主要道路,非机动车流量较大。根据交通功能和地理位置分析,该节点应建全互通式立交。

2. 设计标准

沪宁高速公路高架主线为城市快速路,设计速度为80km/h;真北路为城市Ⅰ级主干路,设计速度为60km/h;圆环转盘设计速度为35km/h,转盘半径为55m,最小交织长度为45m;匝道设计速度为35km/h,最大纵坡为5%。

荷载标准:桥涵为汽车-超20级,挂-120;地面为BZZ-100。

建筑限界:转盘下净空为4.0m,高架(交叉口)净空为5.0m。

3. 选型依据

(1) 交通特点

上海位于长江三角洲的东端,特殊的地理位置决定了上海市对外联系的公路干线集中分布在西北、西南向,以放射状向江浙二省辐射。曹安路和沪宁高速公路是对外的主要放射性联系干线,入城交通起讫点位于该工程研究的节点,立交交通互通功能较强。

(2) 路网要求

内环、外环和辅环与几条主要对外联系干线,逐渐形成放射状和环状相结合的城市骨干交通路网系统。为了保证内环线在武宁路交叉口能起到疏解、分配市中心区的交通,要限制沪宁高速公路、曹安路(312国道)的直行交通直接驶入该交叉口,必须在内环线以外对沪宁高速公路、曹安路交通进行分流,使左右转交通畅通,达到放射状公路的疏解和分流交通作用。

(3) 进入真北路交叉口的交通量分析

真北路交叉口外形是较典型的十字交叉,但从交通工程角度看,则属五岔路口,它的西侧一分为二,由沪宁高速公路高架和曹安路(312国道)组成。交通流量预测表明,真北路—武宁路交叉口流量比沪宁高速公路—外环线交叉口交通量要大得多。

若按沪宁高速公路直行交通立体化,高架以简单立交形式跨真北路西侧二匝道下地,包括左右转弯、上下匝道等交叉口所有交通流均在地面以平面交叉的方式组织交通,这样强大的转向交通会影响地面道路的通行能力,增加堵塞交通的程度。况且附近居民点集中,人流、非机动车流对机动车的干扰大,要组织好地面交通,管理难度很大。

(4) 建立交以解决沪宁高速公路、曹安路交通进城的交通问题

外环线立交至内环线间距为6.55km,在外环立交处强制疏解交通,限制部分直行车辆行驶,迫其左右转向,则会造成被疏解的车流绕行距离过长,实际上降低了沪宁高速公路的服务

水平,而在真北路上建一个交通功能较完善的互通立交,并辅以行政手段,限制部分车辆通过立交直接进入市区较为有利。此交叉口距内环线 3.11km,在放射和环线组合路网结构中,被疏解的左右车辆绕行距离较短,较可行。

(5)规划红线预留的控制用地只宜建环行互通立交

由于种种原因和条件限制,沪宁高速公路、曹安路与真北路交叉口规划预留用地半径仅70m,交叉口附近的真北路规划红线为 55m,曹安路规划红线为 60~70m。要在有限的地域内设计互通式全立交,经多方案比选,只宜建环形立交用地最省。结合该地区人流、非机动车较多的实际情况,推荐采用城市四层式环形立交方案。

4. 立交总体布置

(1)交通流量分析

根据上海市城市综合交通规划研究所提供的交通量资料,预测1995年真北路、曹安路、沪宁高速公路互通出口交通量为49921pcu/d,2000年为62030pcu/h,2010年为89520pcu/d。沪宁高速公路和曹安公路交通量的比重从1995年的50:50、2000年的60:40,达到2020年的72:28。沪宁高速公路入城直行占77.4%,右转占12.3%,左转占10.3%;曹安路入城直行占79%,右转占14.2%,左转占6.8%;真北路由北往南直行占49.8%,右转占23.5%,其中至曹安路为3.8%,至沪宁高速公路占19.7%,左转占26.7%。真北路由南往北直行占36.5%,右转占28.9%,左转占34.6%,其中曹安路占13.5%,沪宁高速公路占21.1%。曹安路由东向西直行为77.3%,其中至曹安路占28.7%,至沪宁高速公路占48.6%,右转占13%,左转占9.7%。由此可见,沪宁高速公路和曹安路是以直行车辆为主,两条路的平均直行车辆为77.9%,相对来说,真北路左右转车辆占相当大的比例,其左转车分别为34.6%和26.7%,但真北路的总交通量小于沪宁高速公路和曹安路的交通量。

(2)立交总体布置

环形互通式立交为四层式,分别描述如下:

底层为曹安路地面道路,横向道路为真北路,环下地面道路主要供非机动车通行,远期非机动车减少,环上机动车流趋于饱和时,地面环岛可吸引部分机动车流,以延长服务年限。

二层为圆环转盘,为沪宁高速公路、曹安路及真北路的左右转通道,转盘车道宽11.0m,与转盘相连有5对匝道,其中4对匝道与地面道路相接,1对匝道与沪宁高速公路高架相连接,匝道宽7.5m,净宽为6.5m。

三层为沪宁高速公路跨转盘的直行高架通道,并于大渡河路口以西280m处落地,沪宁高速公路高架在真北路以西标准段宽为四车道,共21.75m,真北路以东为六车道,宽度为26.25m。

四层为真北路跨沪宁高速公路高架的直行高架通道,高架宽18m,四车道。

图 6-57 为真北路——武宁路立交平面布置图及实景。

(二)特点分析

该立交占地少,结构紧凑,经过精心设计,满足了交通流互通的要求。环道提供的服务水平较高,最大断面饱和度为0.58,为沪宁高速公路和曹安路方向的转向车辆提供了条件,缓解了直行车辆对武宁路的交通压力。

图 6-57 真北路—武宁路立交平面布置图及实景

另外,转盘的防撞栏杆采用了通透的钢护栏设计,提供了较好的视线条件,避免了转盘交织给车辆带来的交通隐患。

(三)运用后评价

该立交通过几年的交通运行,基本满足了目前的交通需求。

(四)立交的改建

随着上海市中心城路网结构的调整和完善,中环线工程列入"十五"期间重大基础设施建设项目,而武宁路立交为中环线上的重要立交节点,要求按照中环线功能进行立交的改建,实现中环线和武宁路—沪宁高速公路入城段间交通的有效衔接。这里,可以从三个方面来理解有效衔接。第一,必须实现快速系统间的交通快速方便转换。第二,必须实现中环线地面交通和武宁路地面交通同沪宁高速公路入城段高架交通间方便转换。第三,必须实现地面道路系统间交通的转换。

专家认为:①沪宁高速公路由西而来的车辆必须经由该立交方便地分流到中环线快速路或地面道路;②中环线快速系统由南和由北而来的车辆必须经由该立交方便地驶入沪宁高速公路;③武宁路高架(规划中要实施两车道驶出上海的高架)由内环分流的由东向西的车辆必须经由该立交方便地进入中环线快速路和沪宁高速公路入城段;④现状真北路由南而来、由北而来的地面交通和武宁路—曹安路地面交通通过真北路武宁路立交第二层环形转盘来沟通,这一功能在该立交的改造过程中必须得到保留,并通过该立交的改建得到进一步加强。

该立交属于两快速系统间的大型立交,在功能定位上,首先,应尽可能保证立交功能的完善,避免立交功能的缺失;其次,必须力求避免出现交织段,如果出现交织段,也应尽可能增加交织长度。

综上所述,该立交功能定位为:功能完善的大型枢纽性互通立交,可方便快捷地为各种交通(快速系统间、地面系统间、快速系统和地面系统间)转换提供良好交通条件,使入境交通能及时分流,出境交通方便快捷地驶出。

由于中环线在功能定位上具有分流内环线交通流量,减少内环线及中心城区的交通压力的作用,并且随着中心城区的不断外移,中心城区的交通会有更多的流量从内环转移到中环。基于这一认识,方案保留现状第二层转盘及连接匝道(地面间交通沟通及地面交通同沪宁高速公路入城段高架的交通沟通),保留武宁路跨线桥(位于第三层,沟通东西快速交通)。武宁路由东而来分流到中环的车辆必须分别设置左转和右转定向匝道及时方便地转移到中环线快速系统,同时对于中环线高架新建两车道武宁路高架(沟通由东向西直行快速交通)。为便于匝道的布置,中环线(原真北路跨线桥)原桥柱升高位于第四层(沟通南北快速交通),另加两根立柱,改建为双向八车道高架道路。A 匝道从沪宁高速公路入城段高架(万镇路口)开口设减速车道驶出爬高,向南右转前行,而后并入中环线高架;B 匝道从 A 匝道在西南象限分流而出,从第三层下穿中环线高架,左转上跨武宁路跨线桥,继续北行并入中环线高架;C 匝道从中环线高架分流而出,直接右转并入沪宁高速公路入城段高架入口匝道,然后进入沪宁高速公路入城段高架;D 匝道从中环线高架分流而出,在第四层北行上跨 B 匝道、武宁路跨线桥,而后下穿中环线高架,最后和 C 匝道合流;E 匝道从武宁路高架(规划中)分流而出,西行分别下穿 B 匝道、D 匝道、中环线高架,在第四层左转上跨武宁路跨线桥,继续南行上跨 B 匝道,然后前行下坡和 A 匝道合流;F 匝道从 E 匝道分流而出,右转和 B 匝道合流,北行并入中环线高架。

图 6-58 为真北路—武宁路立交改造平面布置图。

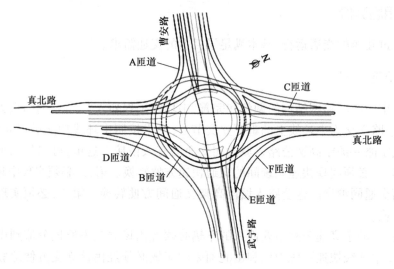

图 6-58 真北路—武宁路立交改造平面布置图(全互通迂回式定向立交)

该方案具有立交功能齐全,线形结构紧凑,占地少,交通条件好,行驶方向明确,立交层次低等优点。完全符合"交通功能全,无交织段,快出慢进"的设计原则。

在这里,需要特别说明的是:为什么要升高原真北路跨线桥而不保留上部结构?

第一,原真北路跨线桥设计速度为 60km/h,桥面顶点高程为 25.7m 左右,竖曲线半径为 1800m,该竖曲线半径不能满足设计速度为 80km/h 的规范规定(凸曲线一般最小值为 4500m,极限最小值为 3000m)。从纵断面线形方面来看,无法保证车辆以 80km/h 速度安全行驶,必须对跨线桥进行改造。第二,原真北路跨线桥只有双向四车道,无法满足双向八车道的要求,必须对跨线桥进行改造。该方案利用原真北路跨线桥墩、桥柱,在现有桥柱左右两侧再各加一个桥柱,同时升高桥柱,桥面拓宽为 30.5m,满足双向八车道的建设规模要求。第三,真北路跨线桥适当抬高后,对于匝道的布设带来了极大的方便,降低了匝道的设计纵坡,降低了立交的整体高度。

如果远期根据路网规划及交通发展需求,实施武宁路西向东方向高架。那么,实施 G 匝道和 H 匝道也是完全可行的。G 匝道从中环线高架分流而出,直接右转并入武宁路由西向东方向高架；H 匝道从中环线高架分流而出南行，跨越武宁路跨线桥，左转从第五层跨越中环线高架，和 G 匝道合流，然后进入武宁路由西向东方向高架。近期需对远期方案的用地进行控制。

(1) 沪宁高速公路入城段节点设计

该节点设计包括 A 匝道出口设计和 C 匝道进口设计，方案构思描述如下：A 匝道从沪宁高速公路入城段高架分出，在高架桥南侧拼桥形成减速车道。C 匝道从中环线高架分流而出右转，首先并入现状第二层转盘向西连接沪宁高速公路入城段高架的入口匝道，然后进入沪宁高速公路入城段高架。

沪宁高速公路入城段高架将拓宽为 6~8 车道，从该工程的建设情况来看，中环线主线为 8 个车道，现状沪宁高速公路入城段高架为双向四车道，随着武宁路真北路立交改造完成后，沪宁高速公路的流量会大幅上升。因此，该次设计中考虑对沪宁高速公路入城段高架拓宽为 6 车道，A 匝道的减速车道位置从入城段高架加宽的车道外侧设置。沪宁高速公路入城段节点设计如图 6-59 所示。

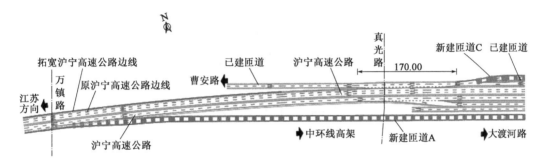

图 6-59　沪宁高速公路入城段节点设计图(尺寸单位：m)

现状沪宁高速公路入城段高架向西在万镇路前有一出口匝道，该出口和第二层转盘向西连接沪宁高速公路入城段高架的入口匝道间形成了一个长度约 170m 的交织段，由于 C 匝道流量和该入口匝道的现状流量合流后，从外侧进入沪宁高速公路入城段高架的流量会大幅上升，这部分交通同沪宁高速公路入城段高架向西通过万镇路落地匝道的交通形成交织流，而现状交织段只有 170m 左右，该段交通通行条件将更趋于恶化，会极大影响入城段高架的主线交通。因此，该次设计方案采用以下措施：第一，禁止沪宁高速公路入城段高架西行车辆在万镇路出口匝道落地，该方向车辆可通过武宁路地面道路匝道上第二层转盘，西行通过转盘在西面内侧匝道落地到曹安路；第二，万镇路出口匝道分流处沪宁高速公路入城段高架北侧拓宽为单向三车道。

(2) 武宁路高架连接节点设计

武宁路高架设计速度为 80km/h，由东向西方向武宁路高架中心线同规划武宁路中心线一致，为单向双车道，该高架落坡于现状武宁路跨线桥前 30m 地面道路，进入沪宁高速公路入城段高架而驶离上海，同时保留该处地面道路通过外侧车道进入沪宁高速公路入城段高架。E、F 匝道设计速度为 40km/h，设计为单向双车道。E 匝道从武宁路高架(规划中)分出，F 匝道从 E 匝道分流而出。E 匝道和武宁路高架的分流点位于大渡河路口以西 30m，在分流点以东按规范规定设减速车道。

课后习题/After-school Exercises

1. 简述立体交叉设计的基本概念及其主要作用。
2. 互通式立体交叉有哪些类型？简述各交叉类型的适用情况。
3. 简述立体交叉的设计要素。
4. 立体交叉匝道设计要考虑哪些因素？在设计标准的要求下如何设计匝道能够使通行能力达到最大？
5. 道路通行不仅要考虑车辆通行能力，更要考虑交通安全问题，而道路辅助设计会大大提高道路交通的安全性。在立体交叉设计中，主要辅助设施有哪些？各辅助设施的主要作用是什么？
6. 立体交叉在设计中要考虑哪些要素？
7. 如图6-60所示，该T形路口均为各向三车道。如果AC为主的左转交通方向，且用地不受限制，试规划一喇叭形立体交叉。假定匝道为双车道，请分析说明分、合流处的车道数。

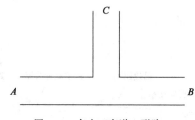

图6-60　各向三车道T形路口

第七章
道路与铁路交叉/Road & Rail Crossing

道路除与道路相互交叉外,还经常与铁路交叉,城市附近更是常见,对此应妥善处理。

道路与铁路交叉不存在互通问题,因此,没有道路与道路相交那样复杂,无须设置转弯车道,但是它必须满足道路与铁路两方面的要求。道路与铁路的交叉,也有平面交叉与立体交叉两种处理方法。

第一节 道路与铁路平面交叉/Road & Rail Plane Crossing

一、设置条件/Setting Conditions

道路与铁路相交时,因交通性质不同,原则上应采用立体交叉,但如与铁路相交道路的等级较低,且交通量不大时,可暂时设平面交叉,待交通需求增加后再改为立体交叉。

道路与铁路的平面交叉又称道口,为了保证火车以规定速度不停滞地安全通过,原则上应设置人工或自动控制的交通管理设施,例如活动栏栅、信号灯及标志等。在人口非常稀少的边远地区,当四级以下的公路(含四级)与铁路支线相交时,为节省建设投资,可以不设管理设施,但要保证有足够的安全视距。

二、设计要求/Setting Requirements

道路与铁路平交道口的设计内容包括道口设置地点、线形、相交角度、路面结构、视距、交通标志等方面,现简述如下:

(一)交叉位置

道路与铁路交叉的地点,应选在铁路股道数最少,并且远景也不会再增加新轨新线或发展为编组站的地点,不应设在铁路站场范围内,也不宜设在铁路通视条件不符合行车安全要求的线上。

(二)相交道路平面线形

道路与铁路平面交叉应选在铁路与道路的直线段,且保证直线段长度从钢轨外缘算起不小于30m。

道路中心线与铁路中心线的相交角度应尽量呈直角,如有困难也不宜小于45°。这样,车辆行驶距离短,通过时间少,通过能力大,且较安全。

(三)平面视距

在无人看守或未设置自动信号的道口,为了行车安全,应保证各级道路的停车视距要求,并且在距离交叉口不小于50m的范围内就能看到两侧不小于表7-1规定距离以外的火车。在视距三角形范围内(图7-1),所有一切障碍物都必须清除干净,以保持良好的通视条件。

平交道口视距 表7-1

铁路等级	火车速度(km/h)	视距 L_e(m)	铁路等级	火车速度(km/h)	视距 L_e(m)
Ⅰ级	120	400	工业企业Ⅰ级	70	240
Ⅱ级	100	340	工业企业Ⅱ级	55	190
Ⅲ级	80	270	工业企业Ⅲ级	50	140

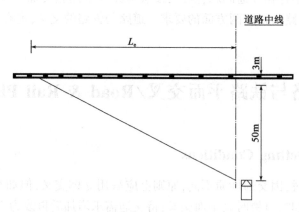

图7-1 视线三角形

(四)相交道路的纵断面线形

为保证道路上行驶车辆停车方便与安全,在道口两侧钢轨外侧应有一段缓坡段,其坡度为大于最小排水纵坡的平缓纵坡,该坡度应向道口两侧排水,以避免雨水流向铁路中心。缓坡段的长度视道路上坡或下坡和通行车辆种类而定。当为上坡时(铁路为路堤时),缓坡段的长度(从钢轨外侧边缘至竖曲线距离)一般为 16m,若通行铰接车或拖挂车应为 20m;若为下坡时(即铁路为路堑时),缓坡段长度至少为 18m,通行铰接车最好为 25m(图 7-2)。紧接缓坡段的道路纵坡,一般情况下宜小于 2% ~ 3%,对于汽车与自行车混合行驶的道路 < 2.5%,困难地段最大纵坡 < 3.5%,机动车纵坡 < 5%。坡长按有关道路等级的规定值取用。

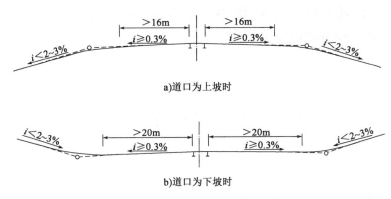

图 7-2 道路与铁路平面交叉道口的纵断面设计要求

(五)相交道路横断面标准

1. 平交道口前后道路路段宽度

道路与铁路平交道口前后道路的宽度应适当加宽,除车行道外还要考虑车辆停车等候所需的宽度,机动车、非机动车和行人宜分开布置与通过,这样,可缩短通过道口的时间,增加安全与通过量。

2. 道口的宽度

道口宽度,在郊外道口不小于相交道路的宽度。若道口位于城市内,还要考虑设置人行道,其宽度可按人流量进行计算,在特殊困难情况下,人行道宽度也不得小于 1.5m。

当道口宽度超过 20m 时,为便于安装道口栏,道口两侧的道路可改为双幅路或三幅路的横断面形式,其分离长度按道口封闭时间道路上被阻的车辆数进行计算确定,并注意把平面线形衔接好。

(六)道口路面

道口处铁路钢轨两侧 2 ~ 20m 的范围内(包括钢轨之间),道路应铺砌坚固又易于翻修的路面(如预制混凝土块、条石等),并与轨顶同高。对于通行电气机车或其他通有电路的钢轨,为避免电路发生短路和触电危险,道口路面应高出钢轨顶面约 2cm。

(七)交通标志

为了行车安全,在道口处应设置交通管理设施,如信号灯、活动栏木(由铁路部门负责设置),道路部门应在接近交叉口处设警告标志牌。

第二节 道路与铁路立体交叉/Road & Railway Three-dimensional Crossing

一、设置条件及立体交叉位置的选定/Setting Conditions & The Choice of The Location of Three-dimensional Crossing

（一）设置条件

道路与铁路交叉，选择平面交叉还是立体交叉，除因政治、国防特殊要求外，主要根据道路等级与性质、道路与铁路交通量，以及道口阻断对道路与铁路运输带来的经济损失等因素而定，实际上包括技术与经济两方面。道路与铁路立体交叉示例如图7-3所示。

图7-3 道路与铁路立体交叉示例

1. 技术条件

技术上具有以下条件时应选立体交叉：

(1)高速道路或城市快速道路与铁路交叉。

(2)一级公路或城市主干路与铁路交叉，除工程特别艰巨外，以及通过火车列车数12h小于5列的支线和专用线外，一般应设置立体交叉。

(3)当地形条件困难，如采用平面交叉会危及行车安全时。

(4)当地形条件适宜，道路与铁路高程相差较大，修建立体交叉投资较少，经分析比较确认修建立体交叉有利时。

2. 经济条件

主要根据不同类型的平交道口，对不同道路与铁路交通量组合的延误时间和各种经济损失，采用投资效益的分析方法，得出设置立体交叉投资额与道路交通量、铁路交通量之间的相互关系，求出设置立体交叉经济条件的计算公式如下：

$$C < 5 \times 10^{-4} N^{1.25} A^{0.97} \tag{7-1}$$

式中：C——立体交叉建成年的累计投资现值(万元)；

A——立体交叉建成受益年第一年昼间12h通过交叉口处的火车列数；

N——立体交叉建成受益年第一年昼间 12h 通过交叉口处的机动车车辆数。

道路与铁路立体交叉设置条件中的机动车车辆数与火车列车数的相互关系列入表 7-2。

道路、铁路立体交叉设置条件 N 值（单位：辆） 表 7-2

12h 火车列车数	12h 机动车车辆数	12h 标准载重汽车车辆数
10	2910	3640
20	1700	2130
30	1240	1550
40	990	1240
50	840	1050
60	730	910
70	640	800
80	580	730
90	530	660
100	490	610
110	450	560
120	420	530
130	400	500
140	380	480

注：1. 表内 N 值是按投资 100 万元计算的道路交通量。
   2. 如立体交叉投资为 C（万元）时，则应将表内 N 值乘以 $\left(\dfrac{C}{10}\right)^{\frac{1}{125}}$。

（二）立体交叉位置及相交角度

1. 道路与铁路相交角度

应尽量使道路中心线与铁路中心线成直角或近似直角相交，这样，既安全又经济。若斜交不可避免时，其交叉角度不宜小于 45°。

2. 立体交叉位置的选定

（1）应选在铁路轨线最少地点交叉

道路与铁路立体交叉地点应选在铁路轨线最少且将来也不会敷设新线或发展成为编组站的地方，以减少桥跨或隧洞的长度。

（2）应利用有利地形设置立体交叉

道路与铁路交叉必须作立体交叉时，要善于利用附近的有利地形，使之易于满足立体交叉净空要求，以降低造价。

（3）有利道路与干道平顺连接

当道路与铁路相交，同时又与邻近平行于铁路的道路相交时，若该道路属于干道，而且是平面交叉，则应考虑有无平顺衔接的可能性，如引道与干道连接，要求抬高或降低，这就影响了干道上的交通运行，这时，可另选立体交叉地点或把道路、铁路和平道三者统一协调布置，力求道路与干道连接平顺。

二、平、纵断面线形及净空要求/Linear of Flat, Vertical Profile & Headroom Requirements

道路与铁路立体交叉时,有两种布置形式:一种是道路跨越铁路,另一种是道路下穿铁路。布置形式不同,其平、纵断面线形及净空要求也不同,分别叙述如下:

(一)平、纵断面线形

1. 道路跨越铁路布置时

(1)引道断面形式与宽度

道路的引道断面形式宜设置单幅路,其宽度按远景交通量的要求确定,每条车道宽为 3.50~3.75m。路肩或步行道宽度包括护栏、种树及灯杆共需宽 2.5m,最少不得小于 2.0m。如引道为路堤式断面,其边坡为 1:1.5,四车道与双车道的引道横断面如图 7-4 所示。位于城市的引道,为了节省占地面积,宜选用高架式引道。

(2)立交桥桥面宽度

道路跨越铁路的立交桥桥面车行道宽度应与引道宽度一致,不应减窄。若大、中桥桥面宽度需要缩窄时,可以减少分隔带宽度,但在道路引道部分要设置过渡段,并处理好引道路面宽度与桥面宽度的衔接问题。

(3)相交道路线形

道路线形应尽量直顺,若不可能而需要设置弯道时,其半径不得小于 500m,弯道的转折点距桥头的位置应满足桥头直线段不小于 10m(在公路上应为 60m),并在此基础上再加曲线切线长度的要求(图 7-5)。如桥上线形为曲线时,其各项技术指标应符合路线布设的规定。

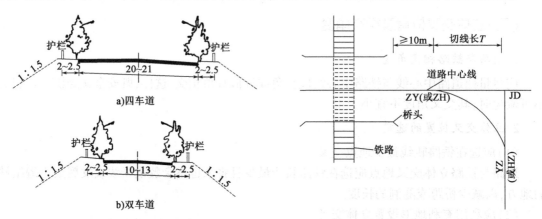

图 7-4 道路跨越铁路的断面(尺寸单位:m)　　图 7-5 道路转折点距桥头的距离要求

道路中心线与铁路中心线的交角应尽可能采用正交或接近正交,最小不得小于 45°。

(4)道路纵断面线形

道路纵断面线形要求平缓,当坡度差超过 0.5% 时,需要设置竖曲线,其竖曲线半径取决于道路等级,应大于或等于各级道路竖曲线最小半径规定值。引道纵坡如有非机动车通过时,一般不宜大于 2.5%,若无非机动车也不宜大于 3.5%。竖曲线与桥面纵坡的延长线相切,其切点距桥头不得小于 10m。

(5)行车视距

上跨道路两端纵断面的线形应能保证车辆对向行驶时所需的行车视距,它与相交道路的等级和行车计算速度有关。设有中央分隔带的高速公路、一级公路应满足停车视距的要求;不设中央分隔带的其他各级公路一般应满足会车视距的要求,其长度不小于停车视距的2倍。

(6)交叉路口及出入口的衔接

在引道上尽量避免设置平面交叉口,若不可能避免时也必须采取措施把它设在引道较平缓的坡段上,并且使交叉口范围内的纵坡不大于1%,桥头引道的纵坡不宜大于3%,以确保引道上的下坡车辆在平面交叉口上转弯时的行车安全。

2.道路下穿铁路布置时

(1)立体交叉的平面布置

下穿道路的中心线应尽量顺直。若道路为三幅路断面形式时,弯道应在分车带以外衔接,其转弯半径宜大一些,一般不小于500m,若限于条件弯道必须插入分车带,则平、竖曲线切点应错开,其错开长度一般不小于超高缓和段长度的距离。

铁路与道路中心线应尽量正交或接近正交,如为斜交,其交角不应小于45°。

(2)立交桥洞的横断面形式

立交桥的横断面形式,主要根据相交道路的等级和性质、交通量大小、车辆的组成(机动车与非机动车的比例)、预计将来横断面的发展变化等因素确定。

①三孔式立交桥洞。

在机动车与非机动车交通量均很大的道路上,宜采用机动车与非机动车分离式的三孔立交桥洞(图7-6),中孔通行机动车,两侧边孔通行非机动车辆,机动车与非机动车互不干扰,行车安全,并可利用非机动车对净空要求小的特点,抬高两侧边孔非机动车道,以减低非机动车道纵坡和节省造价。中孔双向四条机动车道,宽度为15~16m,车行道两侧的边线距洞壁的安全距离至少为0.25m。两侧边孔的非机动车道每侧至少宽5m(包括0.25m的安全距离),可并行三辆自行车。两侧人行道至少各为1.5m。

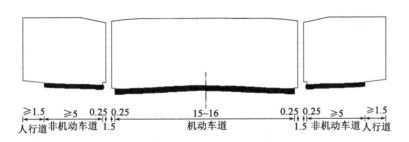

图7-6 三孔式立交桥洞横断面(尺寸单位:m)

②二孔式立交桥洞。

当机动车辆较多时,可采用二孔式立交桥洞,设置中央分隔带(包围中间桥墩),分道单向行驶(图7-7)。机动车道每孔单向至少两车道,安全距离为0.25m,人行道宽1.5m。

③单孔式立交桥洞。

在交通量不大的道路上,可采用较经济简便的单孔式立交桥洞(图7-8)。至少保证双向两条机动车道;若位于城市,两侧还要各增加两条自行车道。

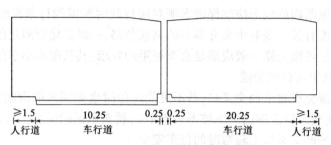

图 7-7 双孔式立交桥洞横断面(尺寸单位:m)

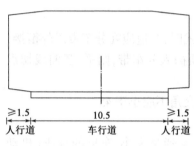

图 7-8 单孔式立交桥洞横断面
(尺寸单位:m)

(3) 道路纵断面线形

① 为确保冰冻期的行车安全,机动车道的最大纵坡不应大于4%,以小于3.5%为宜。

② 当机动车道的坡度代数差超过0.5%时,应设置竖曲线,其凹形竖曲线半径不小于1000m,凸形竖曲线应大于3000m,最好为4000m。

③ 当非机动车道坡度代数差超过1%时,应设置竖曲线,其竖曲线半径不得小于500m。

④ 在设计下坡道的纵断面时,为了避免立交桥下最低处的雨水过分集中,可在立交桥两侧坡道的起点各设一分水点,使分水点以外的纵坡不倾向立交桥,这样,坡道以外的地面水就不会流入立交桥洞内。

(4) 行车视距

立交桥洞内应保证行驶车辆有良好的通视条件,其通视距离应满足停车视距(设中央分隔带时)、会车视距或不小于2倍的停车视距(不设中央分隔带时)的要求。

(二)净空要求

1. 道路跨越铁路布置时

当道路跨越铁路时,桥梁底面至铁路轨顶应保持的净空高度,要符合铁路净空限界的要求。

2. 道路下穿铁路布置时

当道路下穿铁路布置时,隧道或跨路桥的净空要求为:机动车道至少为4.5m,通行无轨电车为5.0m,通行有轨电车为5.5m,若有超高车辆必须通过时,则至少为5.7m(平板车上载挖土机),如受具体条件限制,净高达不到5.7m,而在附近又能绕行通过时,则按一般车辆净高要求(表7-3)。

立交桥洞净高要求　　　　表 7-3

通行车辆	机动车			非机动车		人行道
	一般汽车	无轨电车	超高车	一般情况	特殊情况	
净高(m)	4.5	5.0	5.7	≥3.0	≥3.3 (3.3~3.8)	2.5

非机动车道桥洞净高,一般以采用3.5m为宜,最少不小于3.0m,若考虑特殊情况(机动车道积水),需临时通行机动车车辆时,则应大于3.3m(一般载重汽车和公共汽车所需最小高度),并尽量争取3.7~3.8m。

人行道净高至少为2.5m。

课后习题/After-school Exercises

1. 道路与铁路交叉时如何考虑交叉口设计?设计的主要控制因素有哪些?
2. 公路与铁路平面交叉处道路的平纵线形有何要求?
3. 根据课本内容及自己的理解,请简述道路与铁道立体交叉设计基本原则。

第八章
附属设施设计/Ancillary Facilities Design

第一节 交通安全设施设计/Traffic Safety Facilities Design

立体交叉交通运行需要良好的路线诱导条件和提供必要的交通信息,以保证车辆安全快速通过,为此,还需在交叉口范围设置各种交通标志和交通标线。

(一)交通标志

交通标志分为主标志与辅助标志两大类,主标志按功能又可分为警告标志、禁令标志、指示标志和指路标志。

互通式立体交叉的匝道形式多样,交通标志应能醒目,并应标明立体交叉的形式以及目的地的行驶路线方向,使驾驶员能迅速识别,正确行驶。

(二)交通标线

交通标线是立体交叉交通安全设施的组成部分,主要起引导交通作用,它包括路面标线、立面标记、突起路标和路边线轮廓标线等。具体分为车行道中心线、分车线、路缘线、停车线、减速让行线、人行横道线、导流标线、车行道渐变段标线、出入口标线、导向箭头、路面文字或图形标记、立面标记和突起的标记块等。其尺寸和绘制方法见现行《道路交通标志和标线》(GB 5768)。

第二节 交叉口范围内的排水设计/Drainage Design within The Intersection

(一)平面交叉口的排水设计

在平面交叉口范围内应加强排水,以保证车辆通过条件。

交叉口内的排水是靠路面坡度将水排至路外,或集中到雨水口处。为此,在平面交叉口内应结合行车要求,设置适当的排水坡度,还要注意排水坡向及雨水口的布置,使排水迅速且路径最短,不使水流通过整个交叉口及人行横道,从而保证行人和行车条件。

在设有暗管排水的道路上,交叉口的竖向设计形式及雨水口的布置可参照图8-1。

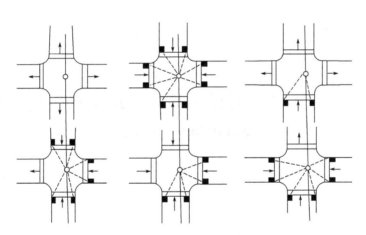

图8-1 交叉口雨水口布置图

明沟排水的道路,交叉口处一般作成中心高而向四周倾斜形式,以便将水流分散排出。

(二)立体交叉桥下的排水设计

立体交叉桥下道路的排水设计标准,主要根据道路性质、地形特点、汇水面积和当地降雨强度而定。

1. 排水系统的布置

根据车行道和人行道宽度、路面类型、道路纵坡和坡长、降雨强度、附近地形、雨水口布置及泄水能力等,先在最低点设置雨水口,然后按一般标准布置其他地点的雨水口,以使桥下雨水迅速排除。

在设计道路纵坡时,为了减少雨水流向立交桥下,可在坡道的适当位置设置纵坡转折的分水点(图8-2),使坡道以外的地面水不流入立交桥下。同时,应在桥洞两侧设置挡水、截水设施,以防匝道、绿地等以外雨水流入立交桥下。

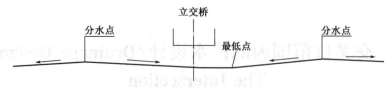

图8-2 立交桥下道路纵坡分水点示意

在立交桥上应设有暗管将路面雨水引至立交桥两端的排水系统排出桥面。

2. 排水设计

(1)排水设计标准

立交桥下的排水标准,应根据道路性质、地形特点、集水面积和当地降雨强度等具体情况来确定。立交桥下的集水范围一般较小,故设计频率 P 不宜过高,一般可取 $P=2$ 年,集水时间 t 不宜过长,可以采用 $t=5\min$;径流系数 φ 值则根据路面情况而定,由于一般为不透水路面,故采用全径流,即 $\varphi=1$。

(2)最小排水纵坡

为保证立交桥下纵向排水,其最小纵坡不得小于0.3%。立交桥下坡道低于经常地下水位的地段,路面下应设盲沟接入泵站。

第三节 交叉口照明设施设计/Intersection Lighting Facilities Design

为保证车辆和行人夜间通行条件,并美化环境,道路交叉处要有完善的照明设计。

(一)平面交叉口的照明

平面交叉口的照明,可补充车灯未能照射区的路面亮度,使驾驶员能在接近路口时看清交叉口范围的交通标志、信号、道路设施和行人及车辆交通情况。

实践证明,加强平面交叉口的路面照明是减少交叉口夜间交通事故的有效手段。

一般平面交叉口的道路照明可按图8-3设置。

在交叉口处设置照明时,应注意以下事项:

(1)照明器的布置应使平面交叉的整个面积照度高且均匀性好。

(2)在有交通信号管制的交叉口处,照明器的安设应不眩目且有利于对信号显示的确认。

(3)在T形交叉口尽端路的对面应安设照明器

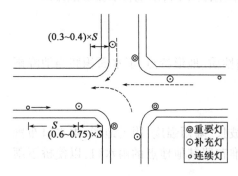

图8-3 十字交叉口照明的布置

(图 8-4),以便确认交叉口形式。

(4)在 Y 形交叉口上,因交叉口范围较大且道路方向不规则,应增设照明器。灯器间距应不超过路段连续灯器间距的 0.6 倍。

(5)对于环形交叉(图 8-5),若环道半径较大可设置高杆照明,但不要使环岛亮度高于车道,以保证行车要求。

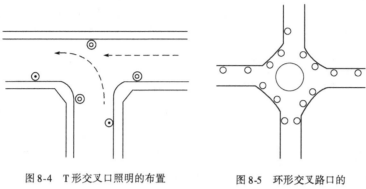

图 8-4 T 形交叉口照明的布置   图 8-5 环形交叉路口的
典型布灯方式

(6)在有人行横道的交叉口处,灯器的安设应从人行横道线外开始。入口处的最后一盏灯器距人行横道线的距离应为路段灯器间距的 0.6~0.7 倍;而出口处的第一盏灯器距人行横道线的距离应为路段灯器间距的 0.3~0.4 倍。

当无人行横道时,灯器的安设位置应从道路边线的延长线算起。

互通式立体交叉的照明布置,可以采用平面交叉、曲线路段和分离式立体交叉的照明布置方法。如图 8-6~图 8-9 所示为不同情况下的布灯方式及细节。各层道路上所产生的光斑(照度)应能很好地衔接,做到各部分照明互相协调。

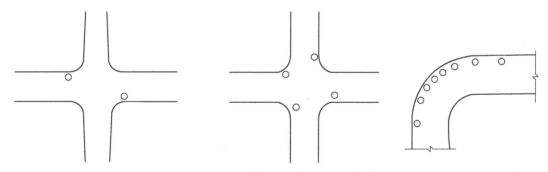

图 8-6 有照明道路和无照明道路平面交叉时   图 8-7 两条同等重要且有照明的道路   图 8-8 曲线路段路灯布置图
路口的典型布灯方式   平面交叉口的典型布灯方式

(二)照明要求

照明应使交叉口地面具有较高的亮度,照度标准应高于路段,且照度均匀,以使驾驶员视野清晰。

交叉口照明标准可根据交叉口使用性质、相交道路等级、交通量大小以及路面反射特性等因素,并参照《城市道路设计规范(2016年版)》(CJJ 37—2012)(表8-1)的规定值确定。

道路照明标准 表8-1

道路类别	照明水平		均匀度		炫光限制
	平均亮度 (cd/m²)	平均照度 E_a	亮度均匀度 L_{min}/L_n	照度均匀度 E_{min}/E_n	
快速路	1.5	近似20	0.40	0.40	严禁采用非截光型灯具
主干路	1.0	近似15	0.35	0.35	严禁采用非截光型灯具
次干路	0.5	近似8	0.35	0.35	不得采用非截光型灯具
支路	0.3	近似5	0.30	0.30	不宜采用非截光型灯具

注:1. 表中所列平均照度数值为维持值。
2. 表中所列亮度(照度)数值为机动车道上数值,且为沥青路面(水泥混凝土路面可降低30%左右)。
3. cd-发光强度,坎(德拉);E_a-照度(勒克斯);L_{min}-亮度最小值;L_n-亮度平均值;E_{min}-照度最小值;E_n-照度平均值。

(三)照明布置

为使路面亮度(照度)均匀且不眩目,应妥善布置灯具之间的位置。灯具纵向间距(S_L)、安装高度(H_L)和路面有效宽度(W_e)之间的关系见图8-9、表8-2。

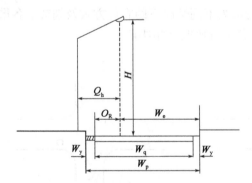

图8-9 路面有效宽度(W_e)、路面宽度(W_q)和灯具悬挑长度(Q_h)的关系

安装高度与路面有效宽度、灯具间距的关系 表8-2

布灯方式	截光型		半截光型		非截光型	
	安装高度 H_L	间距 S_L	安装高度 H_L	间距 S_L	安装高度 H_L	间距 S_L
单侧排列	$H_L \geq W_e$	$S_L \leq 3H_L$	$H_L \geq 1.2W_e$	$S_L \leq 3.5H_L$	$H_L \geq 1.4W_e$	$S_L \leq 4H_L$
交错排列	$H_L \geq 0.7W_e$	$S_L \leq 3H_L$	$H_L \geq 0.8W_e$	$S_L \leq 3.5H_L$	$H_L \geq 0.7W_e$	$S_L \leq 4H_L$
对称排列	$H_L \geq 0.5W_e$	$S_L \leq 3H_L$	$H_L \geq 0.6W_e$	$S_L \leq 3.5H_L$	$H_L \geq 0.7W_e$	$S_L \leq 4H_L$

第四节 收费站及广场设计/Toll Booths & Square Design

一、收费站立体交叉形式特点/Characteristics of Charge Grade Separation Form

（一）收费立体交叉的设计原则

收费立体交叉除满足相交道路交通量之外，力求收费与管理方便，设备集中，且收费不影响干道交通。

（二）收费立体交叉的形式

按上述设计原则，下面简单介绍几种常用的收费立体交叉的布置形式。

1. 三岔相交

三岔相交多采用喇叭形、Y 形及环形立交，只需一个设在支线上的收费站。

（1）喇叭形立体交叉

喇叭形立体交叉是三岔互通式立体交叉中的一种典型形式，特别适用于利用环形匝道且交通量小的情况，收费集中布置在一个地点（图 8-10）。

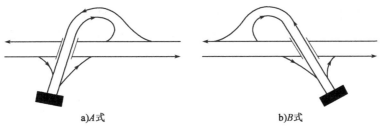

图 8-10 喇叭形立体交叉收费站

（2）Y 形立体交叉

Y 形立体交叉如图 8-11 所示，主要优点同喇叭形立体交叉，但立交构造物比较复杂（三层立交）。

（3）环形立体交叉

环形立体交叉是用交织环道代替 Y 形匝道的立体交叉，其立交构造物可把 Y 形立体交叉的一处三层变更为两处两层（图 8-12）。

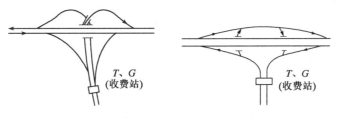

图 8-11 Y 形立体交叉收费站　　图 8-12 环形立体交叉收费站

2. 四岔道路

(1) 菱形立体交叉

菱形立体交叉的形式简单。若设置收费站需要分设在4个地方,这会增加管理费。为了减少收费站,把立体交叉的形式稍加改变,将收费站集中布置成两个(图8-13),以减少管理费,但要增加两座构造物。该形式适用于分段收费管理。

(2) 部分苜蓿叶形立体交叉

部分苜蓿叶形立体交叉,也是收费立体交叉常采用的一种形式。它与菱形立体交叉不同,不必为匝道修建立交构造物(图8-14),通行能力比菱形立体交叉大,但占地较多,而且要设置两个收费站,管理方面比菱形立体交叉分散。

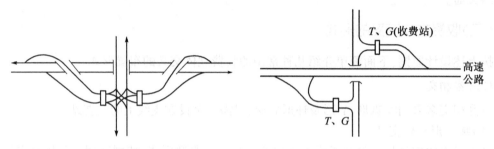

图8-13 菱形立体交叉收费站(两个)　　图8-14 部分苜蓿叶式立体交叉(两个)

(3) 高速公路与其他高等级道路相交收费站立交常用形式

当两条高等级道路相交时,为了集中布置收费设施,使出入车辆集中在一个地点通过,以便管理交通,可以采用双喇叭形立体交叉[图8-15a)]或喇叭形加Y形立体交叉[图8-15b)]。

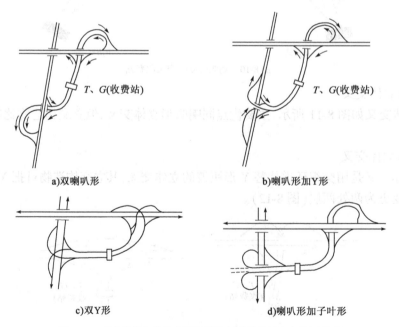

a) 双喇叭形　　b) 喇叭形加Y形

c) 双Y形　　d) 喇叭形加子叶形

图8-15 高速公路与其他高等级道路相交收费站立交常用形式

（4）高速公路与一般公路相交收费站立交常用形式

该立交常用形式如图 8-16 所示。

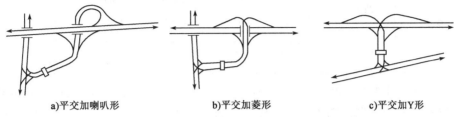

a)平交加喇叭形　　　　b)平交加菱形　　　　c)平交加Y形

图 8-16　高速公路与一般公路相交收费站立交常用形式

（三）收费站车道数

收费站所需车道数应根据交通量、收费方式、服务水平和通行能力确定。

（1）交通量：按设计小时交通量（DHV）计，一般采用第 30 位高峰小时交通量。

（2）收费方式：收费服务时间和收费车道的通行能力随收费方式而异，在计算收费车道数时，应根据设计规划确定收费方式。我国目前主要采用的收费方式有不停车收费（ETC）及入口领卡人工缴费方式，随着交通量不断增加，为了有效减少收费时间，提高收费站通行能力，ETC 收费方式将成为主流。

（3）服务水平和通行能力：按收费站设计要求的服务水平，确定收费方式在给定服务水平下的单车道通行能力。

（4）收费站所需的车道数，按式（8-1）计算。

$$N = \frac{DHV}{C} \tag{8-1}$$

式中：N——收费站车道数；

C——某级服务水平下一条车道的通行能力（pcu/h）。

二、收费广场设计/Toll Plaza Design

1. 线形标准

收费广场宜设在直线上的平坦路段上。当收费广场设在正线上时，圆曲线与竖曲线应与互通式立体交叉的正线线形标准一致，主线收费广场设计线形参数见表 8-3；当设在匝道或连接线上时，其圆曲线半径应不小于 200m，竖曲线半径应大于 800m。收费站车道宜设置在直线段，若为曲线段应加宽。因为收费站处行车速度较低，因此不宜在曲线车道外设超高，否则容易引起收费车道一侧积水，进而影响收费设备。

主线收费广场设计技术线形参数　　　　表 8-3

计算行车速度(km/h)		120	100	80	60	40
最小平曲线半径(m)	一般值	2000	1500	1100	500	250
	极限值	1500	1000	700	350	200

续上表

计算行车速度(km/h)			120	100	80	60	40
最小竖曲线半径（m）	凸形	一般值	45000	25000	12000	6000	2000
		极限值	23000	15000	6000	3000	1500
	凹形	一般值	16000	12000	8000	4000	3000
		极限值	12000	8000	4000	2000	1500

纵断面线形要求收费广场及收费车道应尽量平坦，不得将收费广场设置在易超速的凹形竖曲线的底部或长下坡路段的下方。一般要求收费站中心线前后各50m以上区域最大纵坡小于2%，当受地形及其他条件限制时，不得大于3%。

横断面，要求收费广场设置1.5%~2.0%的横坡。收费通道的标准宽度规定为3.2m，条件受限制时可采用3.0m。单方向最右侧通道作为超大型车辆及维护施工车辆的通道，其标准宽度采用4.5m，条件受限时可采用4.0m。

2. 平面布置

收费广场平面布置如图8-17所示，收费站前后应铺筑水泥混凝土路面，以提供较大的摩阻系数和抗剪切变形能力，适应出、入车辆频繁的制动、停车及起动。若收费广场入口存在多条通道或入口为多车道道路，车辆在进入收费车道之前必须选择合适的车道，车辆之间会出现交织。当通过收费站的单向车流量大于收费站单向开放的车道数的通行能力时，车辆需要在广场上排队。因此，收费广场的长度必须满足车辆有适当的交织长度，且能满足一定数量的排队车辆。要求收费站中心到匝道分流点的距离不得少于75m，到交叉公路的平交点的距离不小于100m。收费通道数大于8条时，上述数值宜增加25%~50%，条件允许时宜尽量采用最大值。

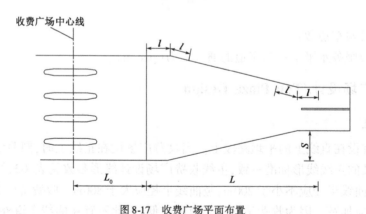

图8-17 收费广场平面布置

图中，L_0 为广场钢筋混凝土路面长度；L 为广场过渡段；S 为广场过度宽度；l 为端部转角切线长度。各参数推荐值与一般值见表8-4。

收费广场过渡段参数　　表8-4

参数值		L_0	S/L	l
推荐值	主线	100m	1/6~1/7	10m
	匝道	50m	1/4~1/5	

续上表

参数值		L_0	S/L	l
一般值	主线	50~150m	1/5~1/8	5~20m
	匝道	30~100m	1/3~1/7	

双停式收费车道是在同一收费岛前后设置两个收费亭,同一车道同时开进两辆车,对应于前后两个收费亭,两个收费员同时对两辆车进行收费。针对双停式收费车道,应设立20m的缓冲区,如收费岛需要加长,雨棚需要扩大。

3. 收费岛

因车辆在收费车道上是减速停车然后起动慢行,故收费岛间车道宽度采用3.0~3.2m即可。但行驶方向右侧的边车道应是无棚敞开的,其宽度为3.5~3.75m,并附带路缘带,以供大型车辆通过。收费岛宽度为2.0~2.2m,长度为20~25m,设计时应根据收费系统所安装的收费设备情况具体确定。收费岛应具有一定高度并将连接部收敛成楔形,连接部应涂有醒目的立面标记。收费岛上设置的收费室每侧应较收费岛缩进0.25m,以作为车辆通过的安全净空宽度。收费室上面应设天棚以遮阳防雨。对交通特别繁忙、收费车道多的收费站,应设置供收费员上、下岗位的专用地下通道或梯级步道。

课后习题/After-school Exercises

1. 简述安全护栏的种类、设置目的及作用。
2. 在设有暗管排水的道路上,交叉口的竖向设计形式有哪几种形式?
3. 简述道路照明灯具布置方式。
4. 收费站立体交叉有哪些常用的类型?

参考文献/References

[1] 中国公路工程咨询集团有限公司.公路立体交叉设计细则:JTG/T D21—2014[S].北京:人民交通出版社,2014.

[2] 华中科技大学.城市道路交叉口设计规程:CJJ 152—2010[S].北京:中国建筑工业出版社,2010.

[3] 交通运输部公路局,中交第一公路勘察设计研究院有限公司.公路工程技术标准:JTG B01—2014[S].北京:人民交通出版社股份有限公司,2014.

[4] 中交第一公路勘察设计研究院有限公司.公路路线设计规范:JTG D20—2017[S].北京:人民交通出版社股份有限公司,2017.

[5] 中华人民共和国住房和城乡建设部.城市道路交通工程项目规范:GB 55011—2021[S].北京:中国建筑工业出版社,2021.

[6] 杨建明.道路交叉设计[M].北京:中国建筑工业出版社,2013.

[7] 周蔚吾.公路平面交叉设计和实施技术手册[M].北京:知识产权出版社,2008.

[8] 廖晓强.城市道路平面交叉口交通组织与渠化设计研究[D].南京:南京林业大学,2013.

[9] 北京市市政工程设计研究总院有限公司.城市道路工程设计标准(2016年版):CJJ 37—2012[S].北京:中国建筑工业出版社,2016.

[10] 张驰,潘兵宏,杨宏志.道路勘测设计[M].6版.北京:人民交通出版社股份有限公司,2023.

[11] 张金水.道路勘测与设计[M].3版.北京:同济大学出版社,2015.

[12] 郭忠印.道路交通安全设计原理与应用[M].上海:同济大学出版社,2016.

[13] 郑元勋,李桐.卫星岛式内嵌双环形交叉口概念设计[J].郑州大学学报(工学版),2016,37(2):87-91.

[14] 张超,郑元勋.卫星岛式环形交叉口的概念设计[J].公路,2013(9):49-51.

[15] 张超,董满生,郑元勋.基于分布理念的前导型交叉口的概念设计[J].公路,2015(11):43-46.

[16] 郑元勋,甘露.左转立交式环形交叉口概念设计研究[J].河南理工大学学报(自然科学版),2017,36(18):113-120.

[17] 甘露,郑元勋.斜拉式半立交十字路口概念设计研究[J].郑州大学学报(理学版),2017,49(4):119-125.

[18] 黄显彬,郑元勋,陈伟,等.选线与道路勘测设计[M].北京:人民交通出版社,2024.